나를 잃지 않는 어른 공부

나를 잃지 않는 어른 공부
흔들리며 배우는 우리 모두의 어른 공부

초판 인쇄 | 2025.11.28
초판 발행 | 2025.11.28

지은이 | 김진주, 안선민, 이혜숙, 정경자, 조유진, 허연우
디자인 | 사라
발행인 | 변은혜
발행처 | 책마음

출판 등록 | 2023.01.04 (제 2023-1호)
주 소 | 원주시 서원대로 427, 203-1401
전 화 | 010-2368-5823
이메일 | book_maum@naver.com

값 16,800원
ISBN 979-11-94921-15-8 (03810)

본 책은 저작자의 지적 재산으로서 무단 전재와 복제를 금합니다.

나를 잃지 않는 어른 공부

김진주
안선민
이혜숙
정경자
조유진
허연우

책마음

목차

목차 · 4
프롤로그 · 6

EPISODE 1 · 나는 나를 돌보는 중입니다

고딕유리 조명의 최후 · 10
명랑한 실수 · 18
나만의 우아한 여신 · 27
나를 잃지 않는 경계 · 36
어제의 어둠에도 불구하고 · 44
자기만의 빛으로 반짝이는 별 · 51
오늘의 배움, 내일의 나 · 60
오늘의 작고 꾸준한 시도, 나홀로 챌린지 · 67
홀로 걷던 길, 함께 가다 · 74
책과 글쓰기, 작가라는 이름 · 78
배움과 나눔, 어른 공부의 가치 · 83
말의 힘 · 88
아이들을 아프게 하는 부모 · 95
맨걸스로의 탄생 · 102
서비스업의 기본은 친절 · 109
나는 건강지킴이 · 116
이것만은 꼭 부탁해요 · 122

EPISODE 2 · 흔들림의 끝에서 배우다

새벽 · 132
눈 맞춤 · 134
옛 향기 · 136
여름은 · 138
쉼 · 140
여행은 · 142
균형 · 144
길 위에서 · 146
대화 · 148
은빛 작은 물고기 · 150
부재중 · 152
마음의 범람 · 154
새살 · 156
대청소 · 158
파스를 붙이며 · 160
힘 · 162
삶 · 164
목마름 · 167
찰칵 · 169
흔들면 깨어나는 새로운 나 · 170
반짝이지 않아도, 달린다 · 176
이효리가 요가원을 연다고? · 183
돌 아기와 런던에서 한 달을? · 190
아이의 인생은 나의 인생이 아니다 · 197
끝 없는 어른 공부 · 203
하루를 시작하는 힘 · 208
여백의 시간 안에서 · 212
위기에도 꽃은 피어난다 · 216
여행길에도 삶은 흐르고 · 221
때로는 조금만 투명하게 · 226
타인이 스승일 때 · 231
엄마는 없다 · 236

에필로그 · 242

프롤로그

흔들려도 괜찮아요,
우리는 여전히 배우는 중이니까

나이를 먹는다고 저절로 어른이 되는 건 아니었다. 세월이 쌓이면 마음도 단단해질 줄 알았지만, 오히려 더 자주 흔들리고 쉽게 상처받았다. 겉으로는 괜찮은 척 웃었지만, 마음 한편에서는 여전히 누군가에게 이해받고 싶었다. 좋은 어른으로 보이기 위해 애쓰며 살았지만, 정작 내 마음을 돌보는 법은 배우지 못했다.

그러다 문득 깨달았다. 어른이 된다는 건 완벽해지는 일이 아니라 불완전함을 인정하는 일이라는 것을. 매일의 결핍과 흔들림 속에서도 스스로를 잃지 않으려는 마음, 그것이 진짜 어른 공부였다. 완벽하게 살아내기보다 나답게 살아내는 것이 더 용기 있는 선택임을.

어른 공부는 거창하지 않다. 실패를 인정하고, 관계 속에서 다쳐도 다시 마음을 여는 일, 누군가를 이해하기 전에 나 자신을 먼저 이해하려는 연습. 그런 일상의 사소한 순간들이 쌓여 어느새 우리를 어른으로 만들어간다.

이 책은 완벽하지 않아도 괜찮다고 말해주는 위로의 기록이다. 넘어져도 괜찮고, 잠시 멈춰서도 괜찮다고, 지금의 나도 이미 충분히 잘 살아내고 있다고 속삭여준다. 삶의 결이 고르지 않아도 그 안에는 여전히 빛이 있다. 고통과 성장, 상실과 회복이 교차하는 그 자리에서 우리는 진짜 나를 마주한다.

'나를 잃지 않는 어른 공부'는 결국 자신을 사랑하는 연습이다. 삶의 소음 속에서도 내 마음의 평화를 지켜내는 작은 다짐이다. 흔들려도 괜찮고, 불완전해도 괜찮다. 중요한 건 오늘도 나를 돌보고 사랑하기로 결심하는 그 마음 하나다.

이 책을 읽는 동안 자신에게 조용히 물어보길 바란다.

"나는 지금, 나를 잘 돌보고 있는가?"

그 질문 하나면 충분하다. 그 물음이 우리를 더 단단한 삶으로 이끌어줄 것이다.

엮은이 l변은혜

운동을 하면서 길러진 나의 악바리 근성이 공부에도 적용이 되었다. 어려움 속에서도 굽히거나 힘들어 하지 않고 이겨낸 것이 철없던 내가 나를 잃지 않고 어른이 되어가는 진정한 공부가 아니었을까?

「말의 힘」 중에서

EPISODE 1
나는 나를 돌보는 중입니다

고딕유리 조명의 최후

 지금 내 눈앞에 있는 것은 아름답고 정교하다. 중간을 돌돌 말아 케이블타이로 단단히 묶어둔 전선을 지나, 그 아래 가만히 매달린 곡선의 자태가 우아하다. 투명하지만 격자 또는 세로줄의 미세하고 가지런한 패턴 덕에 내부가 훤히 보이지는 않는 고딕유리 속에, 고급스러운 황동빛이 맴도는 에디슨 전구가 둥근 궁둥이 외에는 자취를 감추고 있다. 마치 중세 유럽 파티 속 귀족부인의 드레스 속에 감춘 젖가슴처럼 자못 도도해 보이기까지 하다.

 이 고딕유리 조명으로 말하자면 조금쯤은 길고도 슬픈 역사가 어려 있다. 3년 전쯤, 나는 그때까지 내가 17년간 쌓아온 모든 업무적 경력과 기술과 열정을 집대성하겠다는 장엄한 선택을 했다. 학원강사를 업으로 삼고 있는 나는, 내가 가장 이상적이라고 생각하는 교육과정을 담은 교재를 직접 기획하고 제작하리라 마음먹었다. 그리고 그 교재를 활용한 수업을 펼치는 데에 거리낌 없을 내 학원을 시작하게 되었다. 심지어 이 분야와는 전혀 무관한 남편까지 말 그대로 '목숨을 걸고' 함께 뛰어들었다. 안 되면 어떻게 할지와 같은 불안 따위는 애초에 생각하지 않았다. 반드시 되도록 할 것이라는 각오가 내게는 있었다.

나는 이전에도 내 명의의 학원을 운영해본 경험이 짧게나마 있다. 그때에는 다른 회사에서 만든 교재를 사용하고 개런티를 지불하는 가맹 방식으로 학원을 운영했는데, 교재 오류 등으로 인해 본사와 갈등이 적잖이 생기곤 했다. 그러나 이제는 지나간 시행착오를 반복하지 않고, '나의 이상'이라는 나비의 날갯짓이 폭풍같은 성장을 일으킬 내 교육의 장을 마련한 것이다.

학원 인테리어 당시에 내가 새벽까지 인터넷에 검색하고 인테리어 시공기술자님을 따라다니며 "여기에 달아주세요. 아니요, 좀더 뒤쪽이요."라고 부탁하면서 내가 나자신만이 아니라 남에게까지 성가시도록 굴게 만들던 것들. 학원 로비에서 고즈넉하면서 세련된 감성적 분위기를 담당하던 것들. 그것이 바로 이 고덕유리 조명인 것이다.

이 대단한 조명이 아직도 같은 장소에 설치되어 있느냐고 묻는다면, 그 대답은 '아니오'이다. 이 조명은 1년하고도 6개월 전, 내가 3년 남짓 연애란 것을 하고 13년 가량 한 집에서 살던 사람과 결별을 함으로써 급격히 그 운명을 달리하게 되었다.

그렇다. 나는 이혼했다. 서로 같은 이유에서 각자의 삶으로 떠나기로 한 것이지만, 마지막 최선을 다하겠노라 했던 약속은 어쨌든 깨어졌다. 너무 많은 불화와 고통이 있던 결혼생활이었으므로 수 년간 이혼을 간혹 논의해오긴 했지만, 막상 예상했던 시점이 아닌 때에 벌어진 일이라 그로부터 4개월을 어떻게 보냈는지 기억하기란 쉽지 않다.

기억을 소중히 하는 내가 별로 기억하고 싶지 않은 지경이라면 어느 정도로 고난의 시간이었을지는 생략해도 충분할 것이다. 함께 운영하던 사업장은 갑자기 떠난 이가 아닌 남은 이가 홀로 감내해야 했다. 결혼 이후 삶의 터전은 외동아들인 전 배우자의 고향에 쭉 자리 잡아온 터였다. 이혼 이후 나는 원가족과 멀리 지내면서까지 홀로 전 배우자의 연고지에서 먹고 자고 사업장을 운영할 필요성을 전혀 느끼지 못했다.

이미 흑자 궤도에 진입한 사업이었지만 정리하기로 마음 먹었다. 언제든 어디서든 필요하다면 사업은 다시 시작할 수 있지만, 그때까지 너덜너덜해진 내 육신과 영혼은 수습이 시급했기 때문이다.

사업을 하겠다고 상가를 얻을 때의 설렘과 기대감은 사업을 접겠다고 상가를 정리할 때 가장 선명하게 떠오른다. 학원 시설과 비품을 거의 그대로 남겨두고 다른 이에게 인수하면서도, '이것만큼은 꼭 가져가야지.' 하던 몇몇 아픈 손가락들이 있다. 그 중 하나가 지금 내 집 거실 천장에 매달려 있는 이것이다. 그대로 남의 손에 떠넘기고 오기에는 너무 아까웠다. 고작 몇 만 원의 액수가 아니었다. 그 조명을 찾아 헤매던 새벽 시간, 그 조명을 달던 어느 저녁, 그 조명 아래에서 함께 웃고 떠들고 공부하던 아이들과의 눈부신 시간들이 차마 두고 오기에는 억울하던 '아까운 것'이었다.

그래서 그 조명만큼은 가져왔다. 1년 전, 이전에 살던 집과 학원, 두 장소로부터 지금 살고 있는 집으로 두 번의 이사를 했다. 두 살림을 하나로 합치는 대공사였다. 부모님도 언니도 조명은 굳이 필요치 않으니 중고로 팔아버리라고 했다. 하지만 나는 조명에 담긴 추억을 유지하기로 선택했다. 원가족들이 던져주는 온갖 쓴소리와 잔소리를 맛있게도 냠냠 먹어치워가며, 나는 결국 그 조명을 거실 천장에 설치한다는 소명을 계획하고 실행하고 완성했다.

일반 가정집에는 그다지 자주 등장하지 않는 ㄷ자 레일조명, 그 끝에 달린 스위치의 전선이 거실 한켠의 스탠드 에어컨 위에 사선으로 늘어져 있어도 괜찮았다. 이 조명 아래, 역시나 학원에서 가져온 바테이블과 의자를 놓고 한 시절 커피를 마시고 식사를 하고 책을 읽었다. 과거의 광영을 추억하며 나만의 작은 카페를 누린 셈이다.

이제 다시 나는 이사를 준비한다. 문득 눈앞의 조명을 마주하며, 너는 새로 이사 갈 집의 어느 곳에 어떤 모습으로 자리잡을 것이냐고 묻는다. 조명은 뭘 당연한 걸 묻느냐는 듯이 침묵한다. 여전히 거실에, 또는 서재에, 또는 침실에, 또는. 궁리 끝에 가장 후련한 답을 내린다. 조명을 없애버리는 것이다.

이 조명은 내 삶에서 놓아버리기가 한동안 어색했을 뿐이지 실상 아까운 것은 아니다. 조명은 과거의 편린에 불과할

뿐, 조명이 추억 그 자체는 아님에 생각이 미쳤다. 조명을 없애도 추억은 남는다. 게다가 새 집에는 더 세련되고 근사한 간접등이 천장에 있을 수도 있고, 없다 해도 무방하다. 차를 타고 15분만 나가면, 이케아 매장에는 창의적이고 감각적인 조명들이 즐비하니까.

비우면 그 자리에 새로움이 채워진다. 과거의 '좋았던 것'을 아쉬워 붙잡느라 현재와 미래의 '더 좋은 것'을 막아서는 안 될 것이다. 내 삶을 가득 채우고 있던 것들을 하나씩 비울 때, 그 자리에 새로 궁둥이를 깔고 앉는 것들은 이전과 비슷할 수도, 전혀 다를 수도 있다. 다만 비슷하다 해도 그것은 더이상 옛것은 아닌 것이다. 여전히 비슷한 것이 새로 들어온다면 그것은 지속되는 나다운 무엇일 것이다. 반대로 이전과는 다름이 들어온다면 이 또한 최초의 반가운 나일 것이다.

어떤 나여도 괜찮다. 어제의 나와 오늘의 나, 1년 전의 나와 지금의 나. 언뜻 같다고 생각할 수 있지만 완전히 똑같을 수는 없다. 똑같지 않고 다르다면 이상하거나 나쁜 것인가. 아니, 외려 다를 수밖에 없다. 생각하는 존재가 한 가지로 규정되어 고정불변의 어떤 것일 수는 애초에 불가능하다.

그러나 이런 것은 한번쯤 생각해볼 수 있을 것이다. 다채

롭게 변화하는 날들에 존재하는 '개별적인 나'는, 때로는 악마의 술잔에 젖어 있다면, 또다른 언젠가는 천사의 하모니 속을 흐르는 때도 있다.

이 '개별적인 나'의 총합이 어느 범주에 있느냐에 따라 최소한 나의 향방은 일관될 수도 있을 것이다. 오늘의 나에게 이전보다 다소 긍정적인 주머니가 더 많이 달려 있다면, '좀 더 나은 나'가 되어가고 있다고 보아도 되지 않겠나 싶다. 같은 나는 아니되, 같은 방향으로 나아가는 나인 것이다.

내가 생각하는 나는 책임감이 다소 강하고, 주관이 뚜렷하다. 감각이 예민하며, 감정을 선명하게 느낀다. 지성을 즐기고, 감성이 차고 넘치므로 그 기복도 제법 있다. 참을성이 좋은 편이지만 필요 이상의 인내 끝에 따발총의 말을 날리기도 한다. 호기심이 많고 완벽주의 성향이 있어 마감일에 늦기 일쑤다. 꽂히면 추진력이 상당하며 집중을 잘한다. 숫자와 공간 지각에 관련해서는 아무튼 형편없다. 음악, 영화, 캠핑, 여행, 요리, 운동, 레저, 카페, 수다, 토론, 독서, 글쓰기, 자연, 동식물, 가족, 패션, 인테리어, DIY, 선물하기, 노래부르기, 새로운 것 공부하기 등 좋아하는 것을 늘어놓자면 끝이 없다. 완벽주의라고 하지만 정작 완벽하지 않은 나, 이런 나를 나는 사랑한다. 완벽하게는 아니어도 나는 나를 알고 있고, 알아가고 있기 때문이다.

나를 안다는 것은 그럼 무엇인가. 아마도 그건 내가 좋아하는 것과 싫어하는 것을 알려 하고, 그것들을 접하는 찰나마다의 감정을 흠뻑 느끼는 일일 것이다. 매일매일 변화하며 생동하는 감정을 살뜰히 들여다보고 기억하면서 그 감정의 이유를 아는 것이다.

그리하여 마침내, 모두의 만류에도 놓지 않았던 고딕유리 조명의 최후처럼 가뿐한 결론을 스스로 내리는 것이다. 바짓가랑이 붙들 듯 놓지 못했던 과거에 대한 미련을 훌훌 털고, 좀더 나은 미래의 나로 나아가는 결론 말이다. 나는 이렇게 하여 나를 제대로 알고부터 더이상 억울하지 않으면서 담뿍이 미소 짓고 살 수 있게 되었다.

김진주

명랑한 실수

 H고 1학년 수업. 모의고사에 출제된 '눈의 진화 과정'이었다. 진화론자들이 눈의 진화에 대해서 우연한 돌연변이설을 주장했다. 이에 대해 일부 사람들은, 인간의 눈처럼 정교하고 고차원적인 시스템이 단순한 우연으로 설명되기에는 무리가 있다고 반박했다. 그러자 한 진화생물학자가 이에 대해 이렇게 받아쳤다. 그 우연은 절벽을 오르듯 수직상승하는 것이 아니라, '불가능 산'의 완만한 비탈길을 천천히 오르는 것과 같다고. 그 과정에서 발생되는 여러 우연이 쌓이고 쌓여 정상에 오른 거라고.

 가장 실증적이고 경험적인 분야인 과학이, 비유의 방식으로, 그것도 '우연'이라는 개념에 기대어 설명하다니 신선했다. 내가 국어꾼으로서 알고 있는 '우연'은, '필연'의 반대말로, 반드시 일어날 일이 아닌 것이다. 이전 사건과 인과 관계가 없는데도 일어나는 일, 그것이 우연이다.

그렇다면 우연은 왜 생기는 것이며, 과연 생겨도 좋은 것인가와 같은 질문을 스스로에게 던진다. 그러면 누군가에게는 밑줄과 동그라미로 지나갈 시험지 속의 글이, 나에게는 그 모두가 하나의 철학이자 우리네 삶으로 다가온다.

며칠 전, 어느 화요일. 휴무일이라서 오전 나절에 목욕탕에서 노곤해진 몸을 풀고난 뒤였다. 남은 나절에는 요즘 새로 붙인 취미를 발현하러 근처 카페에 갔을 법했다. 햇살 아늑한 자리에 앉아 달콤하고도 고소한 치즈케이크를 한 입 베어 혀끝에 녹이고, 따뜻한 아메리카노의 쌉쌀함이 달콤함을 배웅하는 그 즐거움이란, 과연 의심의 여지 없이 늘 혼자만의 천국이니.

그런데 그날은 뭔가 다른 기분이 들었다. 좀더 멀리, 좀더 새로운 경험을 하고 싶었다. 즉흥적으로 인터넷 검색을 했고, 강원도 평창에서 마침 효석문화제가 열리고 있음을 발견했다. 효석이라니! 그의 소설 「메밀꽃 필 무렵」 속, 손에 잡힐

듯이 들린다는 짐승 같은 달의 숨소리와, 소금을 뿌린 듯이 숨이 막힐 지경인 메밀꽃을 당장 봐야만 했다. 효석문화제 홈페이지에는 그날 저녁 6시 30분에 마당극 「메밀꽃 필 무렵」 공연을 한다고 공지되어 있었다. 일목요연한 그 일정표는 꽤나 신뢰가 갔고, 나는 도착까지 마당극 일정을 수차례 확인했다. 대학생 시절, 국어교육과 소모임 '탯돌'에서는 사물놀이와 마당극을 공연했는데, 그 배우들이 다 내 친구이고 선후배였다. 마당극은 나에게 일종 추억의 향기인 것이다.

설레었다. 2시간 남짓의 고속도로 주행이 전혀 지루하지 않았다. 휴게소에서 그 흔한 소떡소떡도 먹지 않았다. 간식 하나를 먹더라도 축제의 장에서 현장의 분위기로서 오롯이 어우러지길 원했다. 늦은 출발은 늦은 도착으로 이어졌고, 마당극 공연 시작까지는 40여분이 남았다.

지독한 길치이자 공간지각능력 결여자인 내가 그날은 어인 일로 네비게이션에 의존하지 않고 바로 근처에 있다는 효석문학관으로 핸들을 꺾었다. 이정표를 보고 대충 직감대로 왔는데도 올바로 도착한 것에 우쭐하며, 주차장가의 코스모스에 취해 출입구로 다가갔다. 폐쇄되어 있었다. 운영 중지란다. 코스모스보다 더 많은 물음표가 피어났지만, 이내 괜찮았다. 이효석 기념관도 있고, 올해 오픈했다는 달빛정원 카페도 있으니까.

다시 차를 몰아 좀더 가까운 달빛정원 카페부터 갔다. 간발의 차로 입장시간 마감이었다. 다시 괜찮았다. 기념관이 더 의미 있다고 생각했고, 이번엔 바로 옆이라 걸어서 이동했다. 매표소의 직원분에게 다가가는 중에 눈이 마주쳤다. 그분은 나에게 눈으로 말씀하셨다. 오지 말라고, 이 시간에 왜 오냐고. 나도 눈으로 말씀드렸다. 왜 그러시냐고, 기념관 운영시간은 아직 30분 남았다고.

매표소에 다다르고 드디어 진짜 대화를 했다. 매표 및 입장 마감은 6시 30분이 아니라 6시라고 한다. 그 말을 들은 시각이, 6시 2분이었다. 처음으로, 원래 연속적 개념인 '시간'을 인간의 편의를 위해 시와 분과 초로 경계를 구분한 것에 대해 불만이 생겼다. 2분 전에는 되고 2분 뒤에는 안 되다니! 더구나 지금 이 순간, 한 인간인 나의 편의에는 위배되지 않은가. 하지만 불만을 표할 수는 없었다. 그분의 퇴근시간과 업무규칙 준수에 대해 간섭할 권한이 나에게는 없다. "알겠습니다." 하고 물러설 수밖에, 스스로 다른 즐거움거리를 찾아볼 수밖에.

근처 메밀밭의 소금같은 꽃들에 숨이 막히고 싶었는데 그러기에는 공사중인 포크레인의 지나친 존재감에 먼저 숨이 막힐 지경이었다. 그래도 그 와중에 기념하겠다고 메밀꽃의 사진을 찍고서 주변을 둘러보았다. 웬 나귀 조형물이 맞은편 들판에 덩그러니 서 있었다. 일단 특이하니 사진으로 남겨두어 보자 싶었다. 그런데 뭔가 허전하다. 소설 속 나귀의 주인 허 생원은 어디 있나. 뭔가 있긴 있는데 허술하다. 분명 세금으로 이 기념관이니 조형물이니 하는 것들을 설치했고, 지금도 설치하느라 공사중일 것이었다. 세금에 덧붙여 관람료까지 내고 구경하겠다고 찾아온 사람들은 이 지역의 특별한 정취를 제대로 느낄 지분이 있지 않겠나. 슬슬 창자 어딘가에서부터 아쉬움이 올라오기 시작했다.

그래도 괜찮으려 했다. 그래, 이순신 장군께 열 두 척의 배가 남아 있듯이, 나에게는 아직 마당극이 남아 있었다. 그 마당극만 봐도 충분히 의미 있는 여행이라고 생각하며 콧노래를 흥얼거리면서 발길을 돌렸다. 두리번거리길 여러 번, 빈 공연 무대와 그 앞으로 즐비한 빈 객석의자. 서늘한 예감이 들었다. 왜 공연이 시작되지 않은 것인가. 나는 이미 10여 분은 늦게 왔는데. 무대 오른쪽에 크게 일정표가 걸려 있기에 다가가 들여다보았다. 세상에나! 마당극 공연이 4시로 변경되어 있었다. 그 순간에도 효석문화제 홈페이지에는 6시 30분이라고 버젓이 적혀있는데 말이다. 내 열 두 척의 배는 파산이었다. 그제서야 선명해지는 주위 장면과 소리는 내 예상과 전혀 다른 것들이었다. 여느 동네 뒷골목 같은 대폿집 원탁과 트롯트 공연에 돌연 이질감이 전신에 확 퍼졌다. 이게 아닌데.

그래도 여기까지 왔는데, 그냥 가긴 아쉬웠다. 마당극을 보며 천천히 먹으려고 산 7천 원짜리 메밀전병을 차 안에서 금세 먹었다. 이대로 돌아가나. 이미 어두워진 하늘 아래 알전구 조명장식이 전봇대 사이사이 길게 연결되어 있었다. 그 조명의 선과 겹치는 하늘 속, 효석문화제의 풍선 현수막이 야속했다. 둥실둥실 펄럭펄럭하는 모습이 약을 올렸.

그 아래 하천을 가로지르는 섶다리가 있었다. 수업시간에 말로만 설명했던 그 섶다리를 발로도 짚어보자 하며 건너 보았다. 내가 사는 동네의 현대식 다리보다 훨씬 운치 있었다. 비릿한 갯내 비슷한 물의 내음이, 갈라진 돌다리 중 한쪽은 물이 넘쳐 건널 수 없음이, 나무에 흙을 발라 굳힌 섶다리 옆면의 거미줄이 모두 자연이고 운치였다.

섶다리 끝에는 카페가 있었다. 그저 카페에 오려고 두 시간을 달려 온 것은 아니었지만, 결국 나는 따뜻한 아메리카노와 치즈케이크를 주문했다. 부서지고 흩어진 파선의 조각들이라도 주섬주섬 챙기듯이.

그런데 그 카페 앞에는 '무료이니 마음껏 가져가세요'라는 문구가 적힌 테이블 위에 CD가 잔뜩 쌓여 있었다. 조금만 챙긴다는 것이 어느새 탑을 쌓고 있었다. 갑자기 신이 났다. 집에 가서 이것들을 들을 장면이 머릿속에 뭉게뭉게 피어났다. 예상치 못한 이익이었다. 알고 보니 카페 주인분께서는 내가 사는 동네에 얼마 전까지 살다 이사오셨다 한다. 타지에서 우연히 만난 이웃이었다.

우연이란 우리가 예상한 인과 관계에서 벗어난 것일 뿐이다. 어차피 우리가 세계의 모든 것을 알 수는 없기 때문에, 우리가 생각하는 인과 관계라는 것은 온전한 전체가 아닌 극히 일부이다. 예측에서 벗어난 우연은 실제로는 우리가 알지 못했던 인과 관계에 의해 일어난 것이지, 인과 관계가 없이 발생하는 것은 아니다. 일어나지 말아야 할 일, 불쾌할 일이 아닌 것이다.

모순적이게도 예상치 못한 일, 즉 '실수'에서 삶의 재미가 생긴다. 삶이 예상대로만 흘러간다면 하품이 나도록 지루할 게 뻔하다. 말도 안 되게 시작된 일이 제일 소중한 추억으로 오래 남는 것이다.

머리를 얻어맞은 듯한 '어이없음'이, 맷돌의 손잡이가 없어 코앞의 콩을 갈지 못하는 그 당황스러움이 우리에게 새로움을 선사하고, 다른 방향을 제시해주는 것이다. 그 다른 방향으로 이르는 여정이 우리에게는 추억이라는 선물이 아니 될 수 없다.

예상대로 흘러가지 않는다고 해서 불행해 할 필요 없다. 실수하더라도 자책하지 않을 일이다. 이 모두가 다 우리의 삶을 더욱 풍요롭고 다양한 색깔로 칠해주는 물감이니. 같은 일을 겪더라도, 외부의 것을 탓하면 불행해지고 흔들리게 되어 우리의 마음이 파산하게 된다.

그러나 그 일을 바라보는 우리의 태도를 너무 무겁지 않게 명랑하게 갖는다면, 그 속에서 새로운 행복을 찾을 수 있고 우리의 마음은 평온한 자유 속을 유영하게 될 것이다. 그렇게, 또하나의 흥미로운 배가 마련되는 것이다. 그 배를 타고 새로이 어디로 향하게 될지 궁금해하는 마음, 우연도 실수도 명랑하게 받아쳐내는 마음으로 나는 오늘도 행복하려 한다.

나를 흔드는 못된 것들은 실상은 나를 다시금 설레게 하는 착하디 착한 것이므로.

김진주

나만의 우아한 여신

20개월 전, 내게 남은 것은 폐허였다. 이혼, 뒤엉킨 실타래같은 사업의 정리, 무너진 몸, 감정의 잔해들. 157cm의 작은 키에 과체중을 넘어 비만까지 가뿐히 넘긴 내 몸은 스스로 거울을 마주할 마음까지 고개를 돌리게 했다.

그런 내 모습을 남기고 싶지 않아 사진도 찍지 않던 시절, 교복처럼 매일 꺼내 입던 펑퍼짐한 원피스와 낡은 가디건은 나의 무력함을 대변했다. 게다가 문제는 외모만이 아니었다. 건강에 적신호가 켜진 것이다. 고관절 통증으로 인해 걷기조차 어려웠고, 침대에서 몸을 뒤척일 때에도 숨을 참아가며 미세하게 천천히 몸을 돌려야 했다. 그러다가도 어느 각도에선지 헉 하도록 아파 세상이 정지된 기분이 들기도 했다. 어쩔 수 없는 생리현상 때문에 화장실에 한 번 다녀오는 것조차 지옥 같았고 그게 서러워 울기도 했다.

계단 오르내리기를 할 때마다 무릎 관절의 통증으로 인해 조금이라도 덜 아플 걸음걸이의 각도와 방법을 연구해야 했다. 웬만하면 계단이나 경사진 길은 차라리 피하는 게 상책이었다. 그러니 제주도 여행을 가는 것조차 큰 결심이 필요했고, 한라산 등반은 감히 엄두조차 못 내었다. 한 시간 비행에도 몸이 부었다.

여행과 같이 특별한 이벤트는커녕 일상적이고 사소한 일을 할 때조차 나에게는 심호흡과 엄두를 내는 과정이 필요했다. 주방세제를 한 번 누르기에도 손가락 마디마디가 아파서 설거지를 하면서도 눈에 눈물이 핑 돌았다. 결국 눈물을 훔치며 매일 반복되는 일상 속에서 '왜 하필 나에게'라는 생각에 세상을 향한 분노가 종종 치밀었다.

그뿐이 아니었다. 갑작스레 피로가 확 몰려오는 일이 최근 몇 년간 몹시 빈번해진 것은 알았지만, 다른 목적으로 병원에서 했던 혈액검사에서 우연히 간 수치가 좋지 않다는 것을 발견하게 되었고, 간에 낭종도 있다는 것을 알게 되었다.

하필 그때, 난생 처음 걸린 독감으로 인해 간에 무리를 주는 항생제를 5주간이나 먹지 않을 수 없었고, 나는 그렇게 한 달 보름 가량을 골골거리며 약에 취해 병든 닭처럼 지내야 했다.

거의 10년 가까이 끊이지 않던 비염은 늘상 오는 불청객처럼 그러려니 했지만, 최근 1~2년 사이 간헐적으로 발생하는 치주염은 가만히 있어도 잇몸에서 피가 나는 이색적인 경험이었다. 피부과에서도 원인을 모른다는 손가락의 수포, 매달 찾아오는 약하지 않은 생리전증후군. 그러다 올해에는 마침내 새로운 병명이 추가되었으니, 그 시작은 '포도막염'이었으나 그 기저가 되는 의학적 진단은 '자가면역질환'과 '척추관절염' 단계였다.

나는 두려웠다. 이렇게 내 남은 생에는 점점 병명만 추가되는 것인지, 여태 한 번도 해보지 못한 외국여행은 물 건너간 것인지, 소중한 이들과 함께 행복한 추억을 쌓을 수 있는 기회는 이제 거의 없어지는 것인지 말이다.

그러나 이 지난한 시간 속에서도 기적 같은 선물이 하나 있었다. 내 안에 여신이 도착한 것이다. 그 여신은 화려한 날개도, 찬란한 왕관도 없었다. 다만, 7세 여자아이만큼의 체중을 내 몸에서 사라지게 만든 힘으로 내 안에 존재했다. 1년 동안 식단만으로, 그리고 이후 2개월 동안 식단과 달리기를 병행하며 나는 총 14개월 동안 나 자신의 그 무엇인가를 여지없이 덜어냈다.

22.3kg. 평균 7세 여자아이의 무게. 내 몸에서 빠져나간 그 아이는, 지나온 내 삶의 서글픈 얼굴이자, 내 여신이 품어왔던 작은 분신이며, 내 안에 기적과 같은 가능성이 존재한다는 증거였다. 무엇보다도, 그간 나를 괴롭히던 수많은 병명을 통쾌하게 무찌른 전사였다.

아마 이 글이 세상에 나올 즈음이면, 그 아이는 8세로 자라 있을 것이다. 식단과 운동은 여전히 진행형이며, 이제는 병명이 아니라 새로운 활동과 여행지가 추가되고 있다. 나는 43세이지만, 20살 무렵에도 시도하지 못했던 일들을 지금 거뜬히 시작하고 있다.

친구와 함께 걸스힙합 댄스 레슨을 시작했다. 제주도에 다녀오는 비행기를 타도 더 이상 몸이 붓지 않았고, 꽉찬 이틀을 보내는 1박2일 여행을 하고도 쌩쌩하게 돌아오며, 일본 마라톤 대회 참가와 윤동주 유적지 답사를 위한 외국여행과 비자 발급을 계획했다.

달라진 것은 이뿐만이 아니었다. 나의 턱선은 물론 옷의 분위기도 완전히 달라졌다. 속옷, 양말, 신발까지 커져서 모두 새로 사야 했다. 그런 것쯤은 얼마든지 바꿔도 좋은, 기꺼운 혁신이었다. 가족들은 나에게 "아이가 없어서, 남편이 없어서, 혼자라서 쉽게 했다."고 말했다. 그 말은 들을 때마다 비수였다.

나는 누구보다도 아이를 낳아 잘 기르고 싶은 사람이고, 단란한 가정을 꾸려나가고 싶은 사람이다. 게다가 실은 혼자라서 더 힘들었다. 지켜보는 외부의 감시자 없이, 나 자신과의 약속을 지키는 것이 얼마나 어려운 일인가.

모든 노력은 상대적이다. 누구의 노력이든, 함부로 깎아내려선 안 된다. 하물며 쉽게 할 수 없는 성취를 보여준 이라면, 그 바탕에는 얼마나 절실한 이유가 있겠으며 얼마나 뼈를 깎는 노력이 있었겠는가. 그러한 노력은 그 누구도 감히 폄하해서는 안 된다. 가장 소중한 존재가 가장 큰 상처를 주기도 하기에, 그들의 무심한 한마디는 날카로운 칼날이 된다. 가까울수록 더욱 살뜰한 말이 필요하다. 나 또한 내 소중한 이들에게 더욱 다정히 대할 것을 매일 다짐한다. 비록 서로 상처를 줄 수도 있지만, 서로 보듬어 아껴줄 수 있는 존재 또한 소중한 이들이기에.

나는 스스로 묻는다. 내 감정을 남이 부정할 수 있는가? 내 감정을 남이 규정하고 평가할 수 있는가? 나는 또한 스스로 대답한다. 전혀 그렇지 않다. 내 감정은 내가 느끼는 것이지, 남이 느낄 수 있는 것이 아니다.

따라서 내 감정은 오로지 나만이 판단할 수 있고, 나만이 선택할 수 있으며, 나만이 다스릴 수 있다. 결국 '나에 대한 정의'는 나만이 온전하게 내릴 수 있다. 감정은 나의 고유한 권한이자, 오직 내가 인정하고 지켜내야 할 내면의 주권이다. 내 감정은 내가 알아봐주고 예뻐하고 보호해주어야 한다. 그렇지 않으면 아무도 내 감정을 알아차리지도, 위해주지도 않는다.

누군가는 저희들 멋대로 내 감정을 평가하고 나를 휘두르려 할 수 있다. 어쩌면 그건 당연한 것일지도 모른다. 그들은 내가 표현하지 않는 한, 내 감정을 제대로 느끼거나 알아챌 수 없으므로.

어차피 나를 제대로 알 수 없는 타인에게 흔들리지 않고 나답게 사는 것, 내 감정에 귀 기울이며 각자만의 작은 영웅을 단단히 지켜나가는 것, 타인과 나의 차이를 '당신은 그렇군요, 난 이래요.'라고 차분하고 가뿐하게 처리하는 것. 그래서 남들의 오해나 비판에도 분노나 슬픔보다는 가벼운 웃음으로 넘겨버릴 수 있는 것. 그것이 나다운 우아함이다.

그래서 나는 배운다. 나답게 우아하게 사는 방법을. 중고거래 하나라도 내가 원하는 품목을, 내가 원하는 방식으로, 내가 할 수 있을 때 고르는 것이다. 샤워조차도 머리부터 감을지, 몸에 비누거품부터 칠할지, 비누거품칠은 그렇다면 왼쪽 팔부터 할지 오른쪽 다리부터 할지 목부터 할지 나에게 맞는 순서와 속도로 하는 것이다. 휴일에는 가까운 카페에 갈지, 멀리 있는 축제에 갈지 내 마음이 원하는 행위와 장소를 내가 선택하는 것이다. 이 일상의 자유로운 선택들이 곧 나와 맺는 관계, 성숙한 자기 사랑의 방식이다. 높이도 폭도 없이 떨어지는 폭포와 같이 자유롭고도 당당해지는 것이다.

그렇다면 '어른'이란 무엇일까. '어른'이라는 말은 '얼다'에서 비롯했다. '얼다'는 '성관계를 하다, 사랑을 하다, 가지런하다'를 뜻한다. 즉, 사랑할 줄 알고, 삶을 정돈한다는 뜻이다. 이어서 '어른'의 사전적 의미도 곱씹어본다. '다 자란 사람, 책임질 수 있는 사람, 나이나 지위가 높은 사람, 결혼한 사람, 존경받는 사람.'

여기서 하나가 묘하게 걸린다. '결혼한 사람'이라는 의미. 그렇다면 이혼을 하면 어른이었다가 다시 아이가 되는 것인가? 차분히 생각해보면, 결혼이라는 울타리 안에서 새로 맞이하게 되는 책임을 이고 지며 나아가는 것은 분명 어른의 한 모습일지 모른다. 그것이 필수적인 조건은 아닐 테지만, 대다수가 그 책임을 위해 치열하게 노력한다는 것은 그 의미가 크다 할 것이다.

나는 위와 같은 조건을 모두 갖추고 있는가 돌이켜본다. 아마도 나는 아직 어른이 덜 되었는지도 모른다. 하지만 어쩌면, 나만이 아니라 우리들 대부분이 진정한 어른을 어디에도 찾기 어려운 시대에 살고 있는지도 모른다.

중요한 건 단순히 조건을 채웠느냐가 아니라, 다소 부족하더라도 자신을 지켜가면서 동시에 '어른이 되어가는 여정'을 멈추지 않는 것이다. 우아한 품격을 꾸준히 노력하는 사람, 그것이 바로 어른이 아닌가 한다. 내 몸에서 7세 여아를 사라지게 한 나만의 여신처럼. 그 여신은 오늘도 내 삶이 가지런하도록 열기를 가라앉히고, 동시에 내 일상을 자유의 열정으로 데운다.

나는 책을 읽고, 글을 쓰고, 음악을 듣고, 피아노를 연주하며 나로 살아간다. 1년 넘게 식단을 지키고, 3개월째 달리기를 하고, 틈틈이 계산기를 두드리고, 가끔의 여행을, 매일의 출퇴근을 반복하며 나의 시간을 창조한다. 존재하는 모든 것들을 사랑하며, 나는 조금씩 우아한 어른으로 자라간다.

김진주

나를 잃지 않는 경계

 10월의 제주를 여행하던 중 한 카페를 들른 적이 있다. 직장 상사의 지인이 운영하는 곳으로, 상사분께서 제공해주신 무료취식의 배려를 덥썩 물고 방문했던 참이다. 카페의 이름은 BOHO. 아주 크지 않은 규모서 오히려 안락한 맛이 있었다. 사장님과 간단한 인사를 나눈 뒤 커피와 케이크를 부탁드린 후, 찬찬히 인테리어와 소품을 둘러보기 시작했다. 그런데 여느 카페와는 다른 장면들이 계속 보이기 시작하더랬다.

 이곳은 단순히 전문업체의 실력 좋은 솜씨도 아닌, 최근 유행하는 인테리어의 구색만 갖춘 어설픈 DIY도 아닌, 그 공간을 채운 사람의 온기와 멋이 담긴 공간이었다. 살아온 삶의 흔적이 있었으며, 그리하여 위로가 되어주는 공간이었다. 사장님 인생의 결을 일부나마 엿볼 수 있노라 생각하고 있었다.

카페 한켠에는 투박한 나무로 된 작은 책장이 있었고, 책들은 자유분방하지만 단정하게 자리잡고 있었다. 어느 공간이든 크거나 작거나 책이 있으면 유독 관심이 가는데, 이 작은 책장에 오밀조밀하게도 여러 색채의 책들이 자유롭게 모여 있는 정경이 예뻤다.

그 중 옆면 제목도 없고, 낡은 것인지 원래 이리 만들어진 것인지 제본이 다소 허술해보이는 책 『Diver』. 수영 얘기인가 하는 가벼운 호기심에 표지를 넘겼다. 내가 잘못 넘겨짚었나 싶었는데, 시작부터 죽음과 진혼굿의 그림이 보였다. 글자는 전혀 없었다. 그러나 그림으로도 너무 선명하게 전해지는 깊은 슬픔과 고통이 있었다.

다음 장은 해녀가 물질하다가 바닷속에서 양수가 터지고, 바다 밖에서 출산하는 '탄생'에 관한, 글자 없는 이야기였다. 아이가 점차 자라 혼자 놀 수 있게 되자, 신나 바닷가를 활보하다가 얼굴을 다친다. 아이는 울고 엄마는 훈계한다. 하지만 다시 물질을 하러 아이를 혼자 둘 수밖에 없는 엄마. 아…! 제주 해녀의 삶에 대한 이야기였던 것이다. 제목 Diver는 해녀를 뜻하는 바였다. 눈물이 고이는 것보다 더 깊은 울림이 가슴에 퍼졌다. 사장님께서 내게 "그림을 좋아하시네요." 라고 말을 건네셨다.

"이 책 너무 슬픈데요."

"맞아요. 진짜 슬픈 책이에요. 제가 제일 좋아하는 책이에요."

사장님께서는 자신이 이 책에 애정이 있으며, 이 책의 역사가 어떠한지에 대한 고즈넉한 이야기를 찬찬히 들려주셨다. 여기서부터 우리의 대화는 물꼬를 트기 시작한 것 같다. 서로 비슷한 듯 다른 삶을 이야기하며, 다른 듯 닮은 영혼을 마주한 느낌. 치열하게 자신을 해체하고 다시 끼우고 쌓아올린 과정을 거친 사람만이 아는 이야기. 삶의 상처와 치유, 그 이야기를 주고 받았다.

우리는 살아가며 사랑과 우정, 동료애, 호의와 배려라는 이름으로 다가오는 수많은 관계를 경험한다. 그러나 이 관계들은 언제나 순수하지만은 않다. 종종 "너를 위한다."라는 포장 속에 폭력적인 간섭이 숨어 들어온다. 원치 않는 조언, 경계를 넘는 발언, 솔직함 뒤에 감춰진 비겁함이 그것이다. 문제는 그 순간, 우리가 어떻게 반응하느냐에 있다. 받아들일 것인가, 거절할 것인가. 무엇을 취하고 무엇을 버릴 것인가. 이 선택의 과정을 나는 '관계의 가지치기'라 부르고 싶다.

장자는 타자와의 소통 문제를 집요하게 사유했다. 그는 성심(成心), 즉 고정된 마음이 타자와의 소통을 가로막는다고 보았다. 나의 기준과 관점을 절대적인 것으로 고집하면, 타자를 있는 그대로 볼 수 없다. 노나라 임금이 바닷새를 사람처럼 대접하다 오히려 죽게 한 이야기는, 결국 타자를 '나와 같은 것'으로만 보려는 폭력의 결과였다. 이는 오늘 우리의 삶에도 그대로 적용된다. 가족이 "다 너 잘 되라고 하는 말이야."라며 조언을 가장한 간섭으로 선을 넘는 순간, 직장 동료가 무례함을 '솔직함'이라 포장하는 순간, 우리는 바닷새처럼 시름시름 앓아가며 생명력을 잃어가는 것은 아닐까. 아니, 때로는 반대로 우리 또한 노나라 임금처럼 타자에게 그렇게 하고 있는 건 아닐까.

관계의 가지치기란, 성심이라는 고정관념을 비우고 나를 지키는 경계를 설정하는 일이다. 나를 지킨다고 해서 모든 다름을 틀림으로 단정하며 베어낼 필요까지는 없을 것이다. 다름은 다양성의 재료이고, 이질성은 집단지성이 살아 숨 쉬는 토양이 된다. 문제는 범위와 허용의 선을 내가 정해야 한다는 점이다. 누군가의 간섭이 나를 잠식한다면, 그 자리에서는 당당히 손바닥을 들어 거절할 수 있어야 한다. 이것이야말로 나를 지키는 유연한 힘이다.

그러나 말처럼 쉬운 일은 아니다. 때로는 바꾸기 어려울 것 같은 관계들이 우리 앞을 가로막는다. 나 역시 오랫동안 직장 내에서 부당함을 참아왔다. '조금만 더 버티면 나아지겠지.', '다들 이렇게 사는 거겠지.'라는 자기 합리화 속에서, 나는 나를 소모하고 있었다.

하지만 어느 순간 나는 빅뱅처럼, 새로운 우주가 탄생하는 대폭발과 같이 깨달았다. 설령 실패하더라도, 시도조차 하지 않는 것보다는 낫다는 것을. 관계든 일이든, 나중에 후회가 남지 않으려면 결국 나 자신이 결단해야 한다는 사실을. 실패가 두려워 새로움을 선택하지 않는다면 달라지는 것은 아무것도 없음을.

올해 봄, 정확히 5월부터 내 안에는 확고한 신념 하나가 자리 잡기 시작했다. 더 이상 나에게 무례한 사람을 내 곁에 두지 않겠다는 것이었다. 이전 직장의 보스는 내가 열심히 만들어낸 좋은 콘텐츠를 따라하면서도, 정작 내가 남들보다 더 열정적으로 일해서, 바로 그 면모가 그 학원에 돈을 제일 많이 벌어다주는 부원장의 심기를 거스른다는 이유로 나를 지적하고 저지했다.

내가 성과를 내도 그것을 폄하하기 일쑤였고, 회의 시간에는 학생들을 돈으로만 바라보며 외모를 비하하는 발언을 아무렇지 않게 내뱉었다. 그런 사람은 내게 어떤 비전도 줄 수 없었다. 이유는 단순하다. 내가 대단하거나 옳아서가 아니라, 그저 나는 그런 가치를 추구하는 사람이 아니기 때문이다. 그래서 나는 과감히 퇴사를 했다. 그것도 생애 최초로, 다음 직장을 전혀 정해두지 않은 상태에서였다.

그 선택은 두려웠지만 동시에 내게 숨이 트이는 자유와 정체 모를 확신을 주었다. 다행히도 곧바로 다른 직장에 취업할 수 있었고, 이전의 괴로운 경험은 다음의 선택에서 조건 조준을 더 정확히 하도록 도와주었다.

하지만 삶은 늘 변수로 가득하다. 갑작스러운 인사 이동으로 나는 다른 캠퍼스에 배치되었다. 그곳의 리더는 나와 정말 상극이었다. 업무일정표는 전혀 논리적이지 않았고, 회의에서 정해진 규칙조차 실시간으로 바뀌기 일쑤였다. "일하기 싫다."는 말이 그녀의 입에서 늘 흘러나왔다.

나는 시스템과 목적의식을 중시하는 사람이다. 그래서 다시 한번 결단했다. 대표님께 이관을 요청드린 것이다. 생각보다 빠르게 승인이 났고, 지금 나는 새로운 리더 및 동료들과 함께 누구보다 즐겁고도 슬기로운 직장 생활을 누리고 있다.

이 경험은 내게 중요한 교훈을 주었다. 관계의 가지치기는 생각보다 어렵지 않다. 물론 나 또는 남에게 상처가 남을 수도 있고, 과연 옳은 선택인지 당장은 불안할 수도 있다. 하지만 진짜 어렵고도 생채기를 내는 것은 잘라내는 일이 아니라, 잘못된 가지를 붙잡고 있는 우리의 연연함이었다.

가지치기를 통해 비워낸 자리에, 나는 더 건강한 관계와 새로운 협력, 삶의 활기와 무한한 가능성을 얻었다. 그래서 나를 더 사랑하게 되고, 좀더 아름다운 나로 성장하게 되었다.

결국 중요한 것은, 나를 지키는 경계 설정이 결코 '고립'을 뜻하지 않는다는 사실이다. 거절은 고립의 언어가 아니라 자존의 언어다. 내가 당당히 나의 범위를 밝히고 나를 잃지 않을 때, 타자와의 진정한 동질성도 가능하다. 그때의 동질성은 억지로 맞춰진 동일성이 아니라, 역설적이게도, 다름을 인정하고 "그러라 그래~!"라며 받아들이는 수용에서 비롯되는 통합성이다.

우리는 살아가는 동안 무수한 가지들을 뻗고 자른다. 병든 부분을 잘라내든, 더 튼튼한 새싹과 열매를 위해 비워두든, 결국은 나무를 살리기 위함이다. 관계도 마찬가지이다. 무례와 폭력으로 얼룩진 가지를 잘라낸다고 해도 나무는 죽지 않는다. 오히려 사랑과 우정, 협력과 성과의 가능성이 더 어여쁘고 넉넉하게 자랄 수 있다.

그러니, 가족의 선 넘는 발언 앞에서도, 직장 동료의 무례함 앞에서도, 우리는 주저하지 말자. 손바닥을 들어 당당히 말하자. "여기까지." 그것은 차가운 단절이 아니라, 나를 지키고 타자와도 진정으로 소통하기 위한 첫걸음이다. 그리고 가지치기의 끝에는 언제나 새로운 시작이 기다리고 있다. 혹시 알겠는가, 그 새로운 새싹의 자리에 피고 진 꽃이 우리의 상처를 호호 불어 가장 알찬 열매를 맺는 Diver가 될지.

김진숙

어제의 어둠에도 불구하고

비온 뒤 자연은 시크하다. 흙길 위를 스치는 바람은 선선하다 못해 서늘하고, 나무와 풀잎의 초록빛은 햇살 아래서도 어딘가 어둠에 더 가까운 빛깔을 띤다. 발자국이 닿는 자리마다 흙내음이 차오르고, 그 냄새는 코와 폐를 넘어 온몸의 혈액 속으로 스며드는 듯하다. 걸음을 옮길수록 살아 있는 자연이 내 안으로 흘러들어와, 그 순간 나는 마치 다른 존재처럼 새로워진다. 이런 순간을 가장 선명하게 영위할 수 있는 것은 달리기를 통해서이다.

달리기는 인생의 여러 과정을 닮아 있다. 일단 누구든 처음부터 잘할 수 없다. 공부처럼 출발점을 정확히 진단하고 그에 맞는 처방과 방법을 따라야만 조금씩 앞으로 나아간다. 처음엔 생각보다 잘 안 되는 듯 보이지만, 또 어떤 때는 예상보다 훨씬 빠르게 늘기도 한다. 중요한 것은 꾸준히, 반복해서 몸을 움직이는 일이다.

욕심을 부리면 탈이 나고, 조급히 서두르면 쉽게 좌절한다. 나의 상태에 맞추어 나만의 속도로 달릴 때 가장 큰 성과가 뒤따른다. 때로는 부상이 생기기도 하고, 때로는 예기치 못한 날씨나 변수로 인해 계획을 미루기도 한다. 그러나 고통의 순간조차 자연이 건네는 아름다움에 넋을 잃으면, 고통은 그저 스쳐 가는 그림자일 뿐이다.

옆에서 함께 달리는 사람, 온라인상에서 연결된 누군가의 발걸음은 또 다른 힘이 된다. 달리는 사람들은 저마다 다른 사연과 속도를 지녔지만, 결국 중요한 것은 내면에의 집중, 즉 자기조절 능력이라는 사실을 깨닫게 된다. 길 위에서 달리는 나를 스스로 통제할 수 있다는 자아효능감은 가장 강력한 도파민이다. 혼자 달릴 때도 충분히 즐겁지만, 함께라면 그 기쁨은 또한 배가 된다. 이러한 과정 속에서 인생의 참의미를 어렴풋이나마 알게 된다. 달리기를 하는 중 고통과 인내와 절제와 열정의 시간이 지나고 나면 성취라는 선물이 기다리는 것이다.

우리는 살아가며 누구든 몇몇의 상처를 겪는다. 중요한 것은 그 상처를 외면하며 덮어두며 그대로 주저앉을지, 아니면 더 나은 삶을 위한 재료로 삼아 새로운 발걸음을 내딛을지에 대한 선택이다. 나는 후자를 선택해왔다.

상처를 발판으로 삼을 때 목표가 생기고, 목표는 다시 성장을 이끌어낸다. 달리기를 시작한 지 이제 겨우 두 달이지만, 내 몸은 분명 달라졌다. 흉곽과 척추가 교정된 듯 숨쉬기가 훨씬 편안해지고, 늘 괴롭히던 경추의 통증도 한결 완화되었다. 식단은 그대로 두고 달리기만 더했을 뿐인데, 그 사이에 6.6킬로그램을 감량했다. 만약 내가 과거의 진흙탕 같은 기억에만 매달리며 허우적거렸거나, 오히려 전혀 그렇지 않은 척 가면을 쓰고 억지웃음을 지으며 맞지 않는 남의 옷을 입고 연기하듯 살아왔다면, 오늘의 나는 여전히 음울한 늪에 잠겨 있었을 것이다.

상처를 연료로 삼아 성장하겠다는 선택, 선택을 향한 작은 마음씀 하나, 그리고 그 마음을 행동으로 잇는 용기 하나가 지금의 나를 만들었다. 용기란 두려움이 없는 게 아니라, 두려움에도 불구하고 선택하고 실행하며 결과에 대한 책임을 각오하는 것이다.

감정도 결국 선택이다. 어제는 이미 지나갔고, 나는 오늘을 살고 있다. 매일 아침, 나는 충만감과 즐거움을 선택하며 눈을 뜬다. '오늘은 달리기를 하는 날'이라는 생각만으로도, 잠이 덜 깬 눈 앞의 풍경이 아직 또렷해지기도 전에 입가에 미소가 번진다. 오늘은 어떤 운동복을 조합해 '멋진 나'를 세워둘까, 오늘은 어제보다 호흡이 얼만큼 더 트이고 등이 얼마나 더 시원해질까, 옷은 어제보다 조금 더 헐렁해졌을까, 몇 주 뒤 나갈 미니 마라톤에 나는 얼마나 가까워져 있을까. 곰곰이 떠올리면 즐거울 일은 끝없이 이어진다.

그렇게 '멋진 나'를 마음속에 세워두고 길 위에 나선다. 벤자민 버튼의 시간만 거꾸로 가는 것이 아니다. 러너의 시간도 거꾸로 간다. 고작 2개월을 달려놓고 무슨 자랑이 그렇게 즐비하냐고 조롱하는 이가 있다 해도 상관없다. 너무도 놀라울 정도로 달라진 것은 피부나 체형뿐만 아니라 월경 주기, 감정과 정신력까지 너무나 많고, 나는 그로 인해 매일 기쁨의 탄성을 지를 지경이니 말이다.

나의 몸과 마음의 시스템 자체가, 나의 우주 자체가 변모한 것이다. 이는 흡사 잘 숙성된 참치회 한상을 앞에 두고, 이

부위건 저 부위건 다 각자 고유한 맛이 있는데 그것을 서로 비교할 수 없을 정도로 모두 훌륭하여 무엇부터 젓가락을 댈지 심히 고민스러운 감사의 설렘이, 삶의 순간순간 더 잦아지고 깊어지는 것이라 할 수 있겠다. 원래 나이보다 훨씬 늙은 생을 사는 것만 같던 긴 꿈에서 깨어나 원래의 젊은 몸에서 새삼스럽게 달뜨는 마음. 어찌되든 좋다. 그저 또 달린다.

비 온 뒤 시크해진 자연 속을 달리며 나는 또 다른 삶을 만난다. 풀과 나무와 꽃과 흙의 내음에 흠뻑 취해, 달려오는 바람이 내 피부의 세포 하나하나를 훑도록 내버려둔다. 호흡이 가빠지면 보폭을 줄이고, 다시 호흡이 고르게 돌아오면 앞꿈치로 지면을 밀어내며 속도를 올린다. 달리기를 끝내고 나면, 나는 또 한 번 성취자가 된다. 그리고 다짐한다. 이 믿음이라면 나는 어떤 일도 해낼 수 있겠다고. 오늘도 적어도 한 가지는 잘한 일이 확실히 생겼다고.

그 믿음은 자연스레 더 큰 목표로 이어진다. 미니 마라톤을 넘어 하프 마라톤, 풀코스, 나아가 도쿄와 런던의 마라톤까지. 내가 사랑하는 윤동주 시인의 후배가 되기 위해 Y대학교 대학원에 진학하리라는 목표. 작가가 되어 책을 내고, 교과서와 모의고사에 실릴 만한 작품을 쓰리라는 다짐.

혹여 등단에 실패하더라도 괜찮다. 본질은 결과가 아니라, 글을 쓰는 그 과정과 그것을 즐기는 마음 속에 있으니까. 실상 내가 작가가 되고 싶은 이유는 돈이나 명예와 같은 세속적 목적이 아니라, 그저 사람들과 교류하고 공감하며, 적어도 조금쯤은 도움이 되고자 하는, 나름의 선한 영향력이라는 얇은 뿌리 하나쯤은 이땅에 심어두고 싶어서일 뿐이다.

중년이라는 단어가 어색하지 않은 나이가 되고 보니, 이제 슬며시 보이기 시작하는 것들이 있다. 사람들은 생각보다 연결에 대한 갈증이 있다는 것이다. 그런데 상처가 있어 덮어두고 아닌 듯, 괜찮은 듯 시선을 내리깔고 있다가, 누군가 톡톡 두드려주면 기다렸다는 듯이 눈을 맞추고 이야기를 시작한다. 상처받아서 고통스럽다고 대놓고 말하는 것은 아니지만, 잔잔하고 담백하며 때로는 유쾌한 표현 속에도 어느 정도의 상처와 해어진 반창고가 함께 배경을 이루고 있다.

상처가 있다고 해서 그 상처만 들여다보며 반창고와 연고로만 연명할 것인가. 아니면 상처를 새살의 또 다른 이름으로 부르며 내일의 축제를 준비할 것인가. 반창고와 연고도 상처를 낫게 하고 새살을 돋게 한다. 그러나 제대로 돌보지 않으면 자칫 상처는 썩날 수 있다.

제대로 돌보아도 흉이 남을 수 있다. 잘해봐야 본전도 못 찾을 수도 있는 것이다. 반면 상처를 새살로 명명하는 축제에는 돌봄의 의무가 아니라 흥취의 만끽만이 필요하며, 흉이 아니라 훈장과 추억이 남는다.

선택은 오롯이 각자의 몫이다. 그리고 나는 매일의 걸음마다 그 축제를 준비한다. 지금 땅 위에 있는 빗물의 습기가 혹여 나를 미끄러지고 넘어지게 할지라도, 그렇게 생긴 상처가 또한 훈장이 되어 내 목에 걸릴 것이므로. 비온 날이라 함은, 메마른 날씨 속 태양의 작열에 의해 섬멸되는 꽃과 곤충이 없음에 감사할 날이다. 축제를 준비하는 마음으로, 어제의 어둠에 스위치를 달아 오늘의 빛으로 켜고 달려간다. 비온 뒤 자연처럼, 그저 씨익 미소지으며 시크하게.

그때마다 나는 또다시 새로운 의미를 지닌 존재로 태어난다.

김지주

자기만의 빛으로
반짝이는 별

"너 막내 티가 확 나!"

"누나는 말이 너무 직설적이야."

"넌 생각이 복잡하고, 너무 깊이 파고드네."

내가 중학교 단짝, 대학교 후배, 가족과 친구들로부터 들어온 평가의 말들이다. 내가 베풀었던 수많은 꽃송이 같은 온정과 배려는 금세 당연한 것이 되어버리고, 어쩌다 본의 아니게 뱉은 '논리라는 가시'를 단 말과 행동은 곧장 나라는 사람을 후자의 틀에 박제해버린다. 결국 나조차도 스스로를, 꽃은 피우지 못한 가시투성이 사람이라고 오해하게 된다.

상처는 가까운 이들로부터 받은 것이 가장 깊게 남는다. 그만큼 그들의 존재가 내 삶에 미치는 영향력이 크기 때문이다. 큰 상처에는 사과를 하기도 하지만, 작은 상처들은 흔한 일로 치부되어 사과할 거리조차 되지 못하고 흘려버리는 일이 태반이다.

그러나 작은 상처는 결국 모이고 쌓여, 어느 순간 마음을 무기력으로 잠식해버린다. 번아웃의 그림자가 그렇게 다가온다. 매일 같은 쳇바퀴를 달리는 햄스터처럼, 매일 박제된 습관인 듯 잘 달리다가 갑자기 움직이지 못한다. 나도 햄스터였다. 침대나 소파에 누워 이불을 목끝까지 끌어당겨 덮고, 현실이 아닌 TV 속에 사는 것 외에는 그 어느 것도 하고 싶지 않았다. 그렇게 먹는 것도 자는 것도 심지어 우는 것도 귀찮고 힘겨운 시절이 있었다.

하지만 글쓰기는 나를 달라지게 했다. 에세이를 쓰며, 시를 쓰면서 달라졌다. 몸을 가꾸며 달라졌다. 하고 싶던 것들을 하나하나 실천해내며, 나는 나를 훨씬 더 사랑하게 되었다. 무엇보다도 어느 누구 앞이 아니라, 내 앞에서 가장 당당해질 수 있었다. 매일이 선물 같은 하루, 아침에 눈 뜰 때 설레는 하루를 맞이할 수 있게 된 것이다.

지인과 함께 보려다 무산된 영화가 있었다. 보고 싶었던 서너 편 중 하나였는데, 그냥 그렇게 잊히고 지나가나 싶었다. 그런데 두어 달이 지난 뒤에도 상영 중이라는 사실을 우연히 발견했고, 특별한 결심도 없이 상영 시간표를 훑어보다가, 갑자기 혼자 보기로 결정하고는 그대로 영화관으로 내달렸다.

마침 500만 관객 돌파 기념 할인 행사 중이었고, 국가 차원의 지원까지 더해져 단돈 천 원에, 아니 남아 있던 포인트 덕에 사실상 무료.

그렇게 가볍게 본 영화가, 그런데, 내 마음을 뒤흔들었다. 영화를 볼 때에도 꽤나 매료되었다고 생각했는데, 영화를 본 이후의 감명 또한 지금까지도 깊이 남아 내 일상과 가치관, 선택의 방향에까지 영향을 주고 있다.

인생은 이렇게, 예상치 못한 선택 하나로도 크게 달라질 수 있다. 이처럼 우리에겐 예상치 못한 하루하루가 펼쳐지고, 그 예측에서 벗어난 어떤 지점이 우리 삶을 더욱 가열차게 이끌어나가기도 한다. 그러니 이런 매일이 어떻게 똑같을 수 있겠는가. 쳇바퀴 같은 일상이라 여기던 날들도, 사실은 매일이 다른, 우리 앞에 새로이 놓인 선물 같은 하루들이다. 그 선물

상자 속에 무엇이 들었을지 기대하며 설레는 마음으로 천천히 리본을 풀듯이, 즐겁고 경쾌하게 살아가는 것, 그것이야말로 좋은 삶의 태도가 아닐까 한다.

결국 하고 싶은 일은 하게 된다. 중요한 건, 내가 하고 싶은 그 일이 무엇인지 내 마음을 깊이 들여다보는 것이다. 내가 좋아하는 일을 알려면 내가 좋아하는 감정을 느껴야 하며, 특정한 상황에서 내가 느끼는 구체적인 감정이 '좋아함'이구나 라는 것을 계속 응시해야 한다.

처음엔 선명하지 않을 수 있지만, 계속 바라보면서, '좋아함'이 아닌 것들을 거두어내면서, '좋아함'의 두근거림이 불안이 아닌 설렘이라는 감각 속에서, 마침내는 또렷하게 만나게 된다.

그렇게 만난 나를 유지하면서 타인과 건강한 관계를 형성하며, 이왕이면 좀더 다수에게 좋은 일에 선량함을 베푸는 것. 그런 자신의 모습을 마주하며 다시금 한층 성장한 자신을 대견해하며, 다시 새로워진 자기에 대한 응시까지, 이 같은 과정을 반복하는 것.

이것이야말로, 나를 잃지 않고 나를 찾아가는 어른의 공부가 아닐까 한다. 나다움을 알아가고, 나다운 방식으로 살아가며, 그 강점을 남에게 베풀고, 약점은 서로 있는 그대로 응원해주며, 그 행동이 다시 나에게 다정함으로 돌아오는 여정. 나는 지금, 그 길 위에 있다.

나는 나답게 살기로 선택하고 나서 여러 다짐을 실행으로 옮기고 있다. 지금 이 책을 출간하기 위해 글을 쓰는 것이 그 최우선이다. 최근에는 유명 출판사의 문학상 공모전을, 알게 된 지 보름 만에 무모하게 도전했다.

단 이틀 만에 말도 안 되는 시 50편을 단숨에 정신없이 써 내 응모했다. '이게 되랴' 싶었지만, 해보니 엉성하게나마 되기는 되었다. 물론 그 번갯불에 엉겁결에 볶은 콩과 같은 글들이 당선될 리는 없을 것이다. 그러나 중요한 건 당선이 아니었다. 쓰는 과정에서 내가 어떤 생각을 품고 있고, 그것을 어떤 방식으로 풀어내는 사람인지를 발견하는 순간들은 그저 빛이었다. 그 자체만으로도 설레고, 충분히 값졌다. 마치 사랑하는 이에게 품는 설렘처럼, 분홍 보라 하늘빛 구름 위에 둥싯 떠다니는 구름이 그 순간들에도 아름답게 존재했다.

그렇다, 그것은 사랑하는 마음이다. 사랑은 사람에게만 향하는 것이 아니다. 남에게도, 나에게도, 사람 아닌 생명에게도, 생명 아닌 사물에도, 사물이 아닌 사상에도, 사상이 아닌

일과 행위에도 향한다. 세상에 존재하는 모든 것들이 사랑의 대상이 된다.

나는 내가 좋아하는 음식으로 내 식사를 채워나간다. 나 자신과의 약속을 잘 지키며 목표했던 달리기를 일정 기간 완수한 스스로를 치하하며 나에게 작은 선물로 새 운동화를 마련해 준다.

이렇게 쑥쑥 길러낸 마음의 온기를 주변 사람들에게 더 밝은 웃음으로, 더 세심한 배려로 퍼뜨리고 있다. 그리고 보상을 바란 것은 아니지만, 간혹 그들로부터 돌려받는 온기가 있다면 그것이 나다움의 또다른 자양분이 된다.

좀더 큰 마음의 화분을 마련하게 된다. 화분 속 식물을 기르면서 마음의 정원에도 더 향기로운 꽃이 피며, 아름다운 나비가 날고, 소담한 풀벌레 소리가 찌르르 들린다. 아빠 엄마 앞에서 아장아장 걷는 아기도, 캠핑장에서 내 의자를 차지한 정체 모를 고양이도 내 삶에 미소라는 다정함을 준다.

의도한 것이든 아니든 수백 년 전이든 수 년 전이든 시간을 뛰어넘는 현자와의 책을 통한 대화는 더없는 환희로 다가온다. 이 모든 것이, 우리의 윤동주 시인이 이야기한 듯이, '모든 죽어가는 것들'로서, 그가 사랑해야지 하던 대상이다.

사랑은 감사를 낳고, 감사는 의미로 이어지며, 의미는 행복으로 흐른다.

나는 지금도 여러 작은 프로젝트들을 준비하고 있다. 건강상의 불리함을 극복하고 22kg을 감량한 실천법, 초등부터 고등까지 학습의 기초가 되는 어휘력을 기르는 노하우와 사례들, 감정에 붙이는 이름을 몰라 스스로의 감정이 무엇인지 아는 것조차 하지 못하며 곪아가고 지쳐버린 이들을 위한 감정 메타인지법, 이렇게 내가 이미 경험해서 쌓아온 것을 세상과 나누고 소통하고 싶다.

선한 영향력이 한 방울이라도 흘러 더 나은 사회로 잉크처럼 천천히 서로를 물들이며 번져가길 바라면서. 이것은 '물질'이 아닌 '가치'를 목적으로 하는 일이고, 그 누구도 그 무엇도 방해하거나 간섭할 수 없다. 세상을 위해, 그 세상 속 내가 소중히 여기는 이들을 위해 오롯이 나만이 수행하는 추앙이다.

"이렇게 할 계획이야, 이렇게 될 거야." 이런 말은 누구나 하지만, 말조차도 결코 쉽게만 할 수 있는 것은 아니다. 그러나 아무리 어렵게 던진 말이라 해도 말만으로는 완성되지 않는다.

그래서 나는 실행으로 성장하려 한다. 재고 따지지 않고, 떠올리면 가슴 설레는 일, '재밌겠다' 싶은 일에 그냥 한 발 내딛는 것이다.

어제의 나보다 조금이라도 성장한 오늘의 나, 그 사람이야말로 진짜 어른일 것이다. 그렇게 자기만의 빛으로 반짝이는 사람은 자신과 타인을 비추는 등대가 되어 어두운 바다일지라도 평온하고 따스하게 지켜줄 것이다. 한 사람이라도 더 두렵지 않도록, 그렇게 그 누구도 외롭지 않도록, 다함께 더욱 행복하도록.

김진주

오늘의 배움,
내일의 나

"요즘엔 뭐 배우고 있어?"

동네 산책길에서 마주친 지인이 건넨 인사였다.

사람들은 나를 '항상 배우는 사람'으로 기억한다. 아마도 내가 자주 머무는 곳이 동네의 작은 도서관이나 마을문고이기 때문일 것이다. 평생교육기관이나 문화센터에서 배운 내용을 주위 사람들과 나누는 모습도 종종 봐서일 테다.

'올해는 또 무엇을 배울까?'

새해가 되면 누가 시키지 않아도 어김없이 새로운 공부거리를 찾는다. 물론 공부가 버겁게 느껴질 때도 있다. 그럴 때면 '괜히 사서 고생한다'는 생각이 스치지만, 알아가는 설렘과 작은 성취의 기쁨이 결국 나를 다시 배움의 길로 이끈다. 계획을 세워 조금씩 이뤄가는 과정에서 얻는 성취감은 나를 단단하게 만든다.

2022년부터는 꾸준히 일기를 쓰고 있다. 사용하는 일기장에는 '새해 계획'을 적는 공간이 있어, 매년 초에는 한 해의 목표를 세우고 12월이면 지난 시간을 돌아보며 나만의 피드백을 남긴다. 아쉬움과 성찰을 기록하다 보면 자연스레 새로운 목표가 생기고, 이전에 시도하지 않았던 일에 도전해 보고 싶은 용기도 생긴다.

요즘 유행하는 키워드나 새로운 취미를 검색하며 미뤄 두었던 관심사를 다시 꺼내 본다. 마음을 끄는 주제로 버킷리스트를 채우고, 그중 꼭 도전해 보고 싶은 것을 한두 개 골라 1년 동안 집중해 본다. 관련 책을 읽고 하루 단위의 실천 계획을 세워 꾸준히 나아간다. 서툴지만 매년 새로운 공부와 경험을 이어간다.

시작 앞에서 머뭇거리다

시작은 언제나 망설임으로 시작된다. 충분히 자료를 찾아본 뒤 '이제 할 수 있겠어.'라는 확신이 들면 바로 실행에 옮긴다. 완벽하지 않아도 괜찮다. 배우면서 빈틈을 채워 가면 되니까. 신중하게 고민하지만, 결심이 서면 주저하지 않는다. 바로 내가 시작하는 방식이다.

사실 나는 '기계치'다. 디지털 기기를 다루는 일이 두렵고 내게 필요한 기능만 더듬더듬 누르는 수준이었다. 그런 내가 어떻게 SNS를 시작하게 되었을까. 시작하기까지 꼬박 석 달이 걸렸다. 중도에 포기하지 않고 꾸준히 이어가려면 어떻게 해야 할지 오랜 시간 고민했다. 그리고 관련 책을 찾아 읽고, 유튜브의 초보자용 영상을 따라 하며 영상 편집, 썸네일 제작, 계정 운영까지 하나씩 배워나갔다.

그렇게 인스타그램, 유튜브 그리고 블로그 계정을 차례로 만들었다. 일상을 기록하고 독서 후기를 남겼다. 누군가 내 글이나 영상을 보고 '좋아요'를 눌렀는지, 댓글을 남겼는지 궁금해 하루에도 몇 번씩 계정을 확인하곤 했다. 긍정적인 반응이 있으면 기뻤겠지만 별다른 피드백이 없어도 속상하지는 않았다. 내 기록을 온라인에서 다시 찾아볼 수 있다는 사실만으로도 뿌듯했고, 기분이 좋았다. 그 작은 기쁨이 쌓여 습관이 되었고, 어느새 내 글과 영상을 찾아주는 사람들이 생겼다. 조회 수 6만 회를 넘긴 영상도 있었다. 서툰 손으로 하나씩 부딪히며 만든 결과물이기에 더 값지고 의미 있었다.

때로는 포기해도 괜찮다

물론 모든 도전이 결실로 이어진 건 아니다. 악기 하나쯤은 연주하고 싶어 피아노와 우쿨렐레를 배웠지만, 양손 연주나 코드 변환이 생각보다 쉽지 않았다. 밸리댄스는 몸치·박치라는 한계에 부딪혀 그만두었다. 드레스룸 서랍엔 그때 사용하던 반짝이 장식과 슈즈가 아직 남아 있다. 보타니컬 아트와 캘리그라피도 석 달 남짓 배웠다. 도구를 준비하고 작품을 완성해 가는 과정은 즐거웠지만, 그 무렵 새로 시작한 일에 집중하느라 자연스레 손을 놓게 되었다.

운동을 함께 하자는 친구 권유에 "몸치라서 못 해. 난 운동 신경이 없어."라고 말하며 늘 피해 다녔다. 그러다 문득 '한번 배워볼까?' 라는 마음으로 수영 강좌에 등록했다. 물속에서 음파 음파 호흡을 배우며 3년을 이어갔다. 물 위에 둥실 떠 있을 때면 마치 하늘을 나는 듯한 해방감을 느꼈다. 남편과 함께한 스쿼시는 전국 생활체육 대회까지 나갔다. 첫 경기에서 탈락해서 속상했지만, 한 단계 성장하는 좋은 경험이었다. 시도했기에 알게 된 나의 한계였고, 그것조차 배움의 일부였다. 해봤기에 후회도, 미련도 없었다.

나는 스스로에게 자주 말한다.

'선수를 할 것도 아닌데, 일단 해보자. 해보고 아니면 그만두면 되잖아.'

작은 경험이라도 시작해야 배움이 된다. 아무것도 하지 않고 머뭇거리다 '그때 해볼걸' 하고 후회하는 것보다 훨씬 낫다. 시작은 늘 두렵지만, 그 두려움을 지나야 새로운 길을 만날 수 있다.

배움이 바꾼 시선

아이들이 더 이상 내 손길을 많이 필요로 하지 않던 시기, 나는 다시 학교로 향했다. 마음 한편의 허전함을 채우고 싶었고, 그 답은 늘 공부였다. 평생교육에 관심이 많았지만, 내가 대학원에 진학할 당시 경상도엔 평생교육대학원이 없어서 사회복지대학원을 택했다. 가방을 메고 캠퍼스로 향하는 길은 설렘으로 가득했다. 오랜만에 마주한 강의실 풍경은 내 안의 열정을 일깨웠다. 무엇보다 누가 시켜서가 아니라, 내가 원해서 시작한 공부였기에 즐거웠다.

가벼운 마음으로 시작한 배움은 뜻밖에도 지도교수님 제안으로 학술지 논문 등재로 이어졌다. 엄마와 아내라는 시간을 줄여 공부와 연구에 몰두한 나날은 힘들었지만, 그 성취는 무엇과도 바꿀 수 없는 값진 경험이었다. 공부는 단순한 성장을 넘어 일상에 새로운 활력을 불어넣었다. 세상을 보는 눈이 넓어졌고, 아이를 바라보는 시선이 한결 너그러워졌다. 남편과 배움을 나누며 가정을 바라보는 마음도 깊어졌다. 무엇보다 배움은 내 안의 창을 활짝 열어 주었다. 예전엔 우물 안 개구리처럼 세상을 올려다보았다면, 이제는 탁 트인 세상을 향해 시선을 뻗을 수 있게 되었다. 배움은 그렇게 내 삶을 조금 더 깊고, 넓게 만들어 주었다.

인생 2막을 위한 준비

취미와 운동, 그리고 대학원 공부로 이어지며 나는 인생 2막을 차근차근 준비해 왔다. 현재 '교육 기부 진로 체험기관(교육부 인증)'인 '페인트 공방'을 운영하며 진로 체험 강사로 활동하고 있다. 또 청소년 기관의 외래 강사로도 활동하고 있다. 강의를 시작한 지 어느덧 15년. 여전히 '강사'라는 호칭이 낯설지만, 이제는 안다. 무언가 가르치는 일을 하는 강사라는 일은 단순히 지식을 전하는 사람이 아니라, 끊임없이 배우고 나누며 함께 성장하는 사람이라는 것을.

이제 나는 배우고 도전하며, 때로는 멈추었다가 다시 걸어갈 것이다. 배움은 이미 내 삶 그 자체가 되었기 때문이다.

배움은 거창하지 않아도 된다. 작은 시도와 짧은 경험, 그리고 때로는 내려놓음조차 모두 배움의 한 조각이다. 나는 여전히 시작 앞에서 머뭇거리지만, 그 순간을 지나 한 걸음 내딛는 일을 멈추지 않을 것이다. 오늘의 배움이 내일의 길이 되고, 그 길 위에서 또 다른 나를 만날 것이다. 그것으로 나는 충분하다.

안선민

오늘의 작고 꾸준한 시도,
나홀로 챌린지

'하고 싶다.'

'할 수 있을까?'

'시간이 없어서, 아니 돈이 없어서 나중에 해야겠다.'

이런 말을 되뇌며 정작 행동으로 옮기지 못하는 사람들이 많다. 작은 도전조차 두려워하며 '나중에'라는 말을 입에 달고 산다. 나 역시 그랬다. 늘 제자리에서 맴돌기만 했다.

등산할 때, 산 정상을 떠올리면 시작부터 막막하다. '언제 저 위까지 올라가지?' 하지만 앞사람 발만 보고 한 걸음씩 옮기다 보면 어느새 정상 표지석 앞에서 환하게 웃고 있는 자신을 만나게 된다. 처음부터 큰 목표를 이루려고 하면 지레 겁

먹고 시도조차 못 할 때가 많다. 나도 그랬다. 그래서 큰 목표를 작은 목표로 나누고, 작은 성취를 하나씩 쌓아 갔다.

"오늘 할 수 있는 것부터 해 봐. 나중에 후회하지 말고. 지금 당장 하고 싶은 일부터 시작해 봐."

예전의 나처럼 '나중에'를 입버릇처럼 말하는 사람들에게 내가 자주 하는 말이다.

첫술에 배부를 수 없듯, 처음부터 원하는 걸 이룰 수는 없다. 하지만 한 걸음, 또 한 걸음이 쌓이면 결국 도착점에 닿는다. 등산처럼 말이다. 그래서 나는 늘 믿는다. 오늘의 작은 시작이 내일의 길을 연다고.

나중에

언젠가 시간이 나면
조금 한가해지면
마음에 여유가 생기면

나중에
나중에
내가 싫어하는 말
그럼에도 자주 쓰는 말

문득 알았다

'나중에'라는 말이
'지금'과 멀어지는
또 다른 이름이라는 것을

『인생 계절』 중에서

뜻밖의 선물

나는 사람을 좋아한다. 그래서 모임도 많다. 같은 일을 하는 동료 모임, 학교 친구 모임, 취미와 봉사 모임, 그리고 사교 모임까지. 일과 모임으로 일정이 꽉꽉 들어차 늘 분주한 시간을 보냈다.

그러나 팬데믹은 그 모든 시간을 단숨에 멈춰 세웠다. 비자발적으로 주어진 고요한 시간 앞에서 처음엔 불안했다. '이 시간을 어떻게 보내야 할까?' 머릿속이 복잡했다. 하지만 시간이 흐르자, 긴장이 풀리듯 혼자만의 고요를 온전히 즐길 수 있게 되었다. 그 시간은 오롯이 나를 위한 선물 같았다.

시간이 없다고 미뤄두었던 드라마와 영화를 몰아보고, 도서관에서 책을 빌려와 천천히 읽으며 내 시간을 내 방식대로 즐겼다.

늘 작심삼일로 끝나던 자격증 공부와 영어 공부도 계획을 세워 차근차근 이어갔다. 저녁 시간을 활용해 꾸준히 공부한 끝에, 마침내 그토록 원하던 자격증을 취득했다. 합격자 명단에서 내 이름을 발견했을 때, 아이처럼 깡충깡충 뛰며 기뻐했던 순간이 아직도 생생하다. 몇 번의 도전 끝에 얻은 결과라,

포기하지 않고 끝까지 해낸 나 자신이 대견했다. 이 일을 계기로 뭐든지 할 수 있겠다는 자신감과 용기가 생겼다.

나홀로 챌린지, 나를 확장하는 공부

사람들과 함께 보내는 시간은 여전히 즐겁지만, 그보다 더 소중하게 다가온 건 '나만의 시간'을 어떻게 쓰느냐였다. 서른 중반이 넘어 시작한 공부는 시험을 위한 공부가 아니라, 나를 확장하는 공부였다. 어른이 되면 늘 '해야 할 일'에 치여 자기 시간을 놓치기 쉽다.

잠시 숨을 고르고 멈춰 서서 나에게 말했다.

'내가 정말 배우고 싶었던 공부를 꾸준히 한번 해 보자.'

그렇게 시작한 것이 '나홀로 챌린지(나 혼자 하는 챌린지)'였다.

함께하면 즐겁지만, 의견을 맞추느라 정작 내가 하고 싶은 걸 놓칠 때가 있다. 그런 이유로 혼자 하는 방식을 택했다. 혼자서도 꾸준히 할 수 있을지 걱정됐지만 용기를 내보기로 했다. 다이어리를 새로 사고, 알록달록한 펜과 스티커를 준비했다. 큰 목표를 매일 실천 가능한 작은 계획으로 나누고, 하루

중 나만의 시간을 찾아내어 챌린지로 채워나갔다. 그 과정에서 내 일상은 조금씩 다양한 빛깔로 채워지기 시작했다.

하루 10분 독서의 힘

가장 먼저 시작한 건 하루 10분 독서였다. 마음에 와닿는 문장은 필사하고, 병렬 독서를 하며 나홀로 챌린지를 즐겼다. 어느새 10분은 한 시간이 되기도 했다. 하루 10분 독서는 습관이 되었고, 책을 읽지 않는 날이면 괜히 허전했다. 가방에는 늘 책이 들어 있었고, 자투리 시간에도 책을 펼치는 내 모습이 자연스러워졌다.

그 습관은 블로그 독서 계정을 열게 했다. 읽은 모든 책을 기록하지는 않았지만, 지금은 100권 남짓한 독서 후기가 남아 있다.

책을 500권 가까이 읽다 보니, 자연스레 글을 쓰고 싶다는 마음이 생겼다. 블로그에 남긴 짧은 독서 후기를 넘어, 이제는 책을 써 보고 싶어졌다. 그러나 두려움이 앞섰다.

'글쓰기 공부도 제대로 해 본 적 없는 내가 과연 가능할까?'

그러다 여러 작가의 고백을 책에서 읽으며 마음이 움직였다. 글쓰기는 누구에게나 어렵고, 완벽하지 않아도 쓰다 보면 결국 써진다고. 그 단순한 진리를 믿어 보기로 했다. 그렇게 전자책을 출간했고, 공저 시집에도 참여하게 되었다. 독서는 결국 '읽는 사람'을 '쓰는 사람'으로 이끌어주었다.

매일의 작은 걸음이 인생의 방향을 바꾼다. '나홀로 챌린지'는 뭐든 할 수 있다는 자신감을 심어주었고, 독서와 글쓰기, 그리고 꾸준한 영어 공부로 이어졌다. 작아도 꾸준한 시도가 결국 삶을 바꾸는 힘이라는 것을 알려주었다.

인생의 변화는 거창한 결심에서 시작되지 않는다. 변화는 먼 훗날의 '나중에'가 아니라, 바로 지금, 이 순간의 작은 선택에서 시작된다.

조금 후회하고 더 기대하면서 씩씩하게.
『우리의 낙원에서 만나자』중에서

그러니, 오늘 당장 할 수 있는 일부터 해 보자.

안선민

홀로 걷던 길,
함께 가다

 매년 새로운 경험을 하나씩 쌓아보자는 마음으로 '교육기자단' 활동을 시작했다. 학교 현장의 따뜻한 이야기를 취재하고 기사를 쓰는 일이 주된 활동이었다. 자연스레 글쓰기에 조금 더 익숙해졌고, 블로그에 기사를 올리며 문장을 다듬는 법도 배웠다. 이전까지는 나만을 위한 글이었다면, 이제는 누군가 읽을 글을 쓴다는 사실이 단어 하나하나를 신중하게 고르게 했다.

 기자단 활동을 이어가던 중 책 이야기가 자연스레 흘러나왔다. 사실 나는 '나홀로 챌린지'로 꾸준히 책을 읽고 있었지만, 대부분 자기계발서나 교양서 위주였다. 경제나 문학 분야의 책은 흥미가 없다고 치부했고, 내가 선호하는 책만 골라 읽는 편독이 심했다. 무엇보다 함께 책 이야기를 나눌 사람이 없다는 허전함이 컸다. 책을 매개로 편안히 대화할 도반이 그리웠다. 그 갈증은 뜻밖의 순간에 해소되었다.

어느 날, 기자단 동료들과 점심을 먹고 카페에서 이야기를 나누던 중 누군가 말했다.

"우리, 독서 모임 할까요?"

그 말이 끝나기도 전에 나는 대답했다.

"좋아요! 저도 하고 싶었어요."

그렇게 다섯 명이 모여 '북즈(책을 좋아하는 여자들이란 뜻)'라는 이름의 작은 독서 모임이 탄생했다.

커피 향 속에서 피어난 꿈

한 사람이 두세 권씩 책을 추천해 1년 치 목록을 정했는데, 책의 분야는 놀라울 만큼 다양했다. 문학, 예술, 재테크, 과학…. 혼자라면 절대 손대지 않았을 책들이었다. 책장을 넘길 때마다 미지의 세계가 펼쳐졌고, 같은 책을 두고도 저마다 다른 해석과 질문이 쏟아졌다.

'아, 그렇게도 생각할 수 있구나.'

좁은 시선에 갇혀 있던 나는 그 대화 속에서 조금씩 사유의 폭을 넓혀 갔다. 커피잔이 부딪히는 소리 사이로 웃음꽃이 피어났고, 한 권의 책이 향긋한 커피 향과 함께 내 삶 속으로 잔잔히 스며들었다.

무엇보다 이 모임은 내 버킷리스트 중 하나였던 '책 쓰기'의 꿈을 현실로 이끌어 주었다. 독서 모임 한 지 1년쯤 됐을 때, 멤버 중 한 명이 조심스레 제안했다.

"우리, 다른 사람이 쓴 책만 읽지 말고, 우리도 책을 써보면 어때요?"

순간, 공기 중에 불꽃이 튀듯 모두의 눈빛이 반짝였다. 나 역시 가슴속에 눌러두었던 욕망이 꿈틀거렸다. 글쓰기는 늘 두려움의 대상이었지만, 북즈와 함께라면 할 수 있을 것 같았다.

혼자가 아닌, 함께 쓰는 문장

글을 쓴다는 건 생각보다 훨씬 고된 일이었다. 노트북 앞에서 멍하니 화면만 바라보다가 하루를 그냥 흘려보낸 날도 많았다. '내가 지금 뭘 하고 있지?' 하는 후회와 자책이 밀려와 한숨을 내쉬기도 했다. 그러나 멤버들과의 약속이 나를 붙잡아 주었다. 한 달에 한 번, 독서 모임이 끝난 뒤 이어지는 글쓰기 모임에서는 각자 초고를 내놓고 피드백을 주고받았다. 웃음과 격려, 때로는 날카로운 조언이 서로의 글 위에 덧입혀졌다. 그렇게 시간이 쌓이며 글은 조금씩 제 모양을 찾아갔다.

결국 여러 번의 퇴고 끝에, 우리들의 첫 공저 에세이 전자책 『쓸까 말까』가 세상에 나왔다. 혼자였다면 감히 시도조차 못 했을 일이었다. 함께였기에 가능했다. 누군가 옆에서 "할 수 있어."라고 말해주고, 지칠 때 어깨를 토닥여주는 든든한 도반이 있었기에 나는 끝까지 걸어갈 수 있었다.

혼자 걸었다면 쉽게 지치고 멈춰버렸을 길도, 든든한 동반자와 공부 도반이 함께였기에 오래, 그리고 멀리 걸어갈 수 있었다.

책으로 이어진 인연은 어느새 내 삶을 단단하게 지탱해 주는 힘이 되었다. 함께 읽고, 함께 나누는 이 시간이 얼마나 깊고 소중한지, '함께'라는 힘을 나는 이제 안다.

안선민

책과 글쓰기,
작가라는 이름

　선선한 바람이 스미는 창가에 앉아 책을 펼치는 순간은 나에게 가장 큰 쉼이자 행복이다. 매일 10분씩 책을 읽는 습관은 어느새 삶에 자연스레 스며들었고, 그 속에서 내 안의 진짜 목소리를 찾고 싶은 마음이 자라났다.

　누군가의 이야기를 읽기보다, 내 삶에서 길어 올린 이야기를 쓰고 싶다는 갈망이 결국 나를 '쓰는 사람'의 길로 이끌었다.

　글을 쓰겠다고 결심한 뒤부터 책을 고르는 눈빛과 읽는 방식이 달라졌다. 에세이나 글쓰기 책을 먼저 집어 들었고, 마음을 흔드는 문장이나 단어를 만나면 노트에 적거나 스마트

폰으로 남겼다.

어떤 날은 그 문장들을 내 언어로 곱씹으며 짧은 글을 써 보기도 했다. 그렇게 '글을 써보자.'라는 다짐은 내 독서 습관을 완전히 새롭게 바꾸어놓았다.

첫 책의 떨림

내 이름으로 된 책을 내고 싶다는 바람이 커질수록, 글쓰기와 책 쓰기 관련 자료를 찾아보는 시간도 늘어갔다.

그 무렵 독서 모임 멤버들과 "우리의 글을 모아 전자책으로 내보자."라는 뜻이 모였다. 그렇게 1년 동안 꾸준히 글을 쓰고 모으면서, 첫 책의 밑그림을 그려갔다. 허술했던 초고는 여러 번의 퇴고를 거치며 제법 책다운 모습을 갖추었다.

책 편집은 내가 도맡아 하기로 했다. 처음 해보는 작업이라 낯설고 버거웠지만, 서점의 책을 참고하여 목차, 프롤로그, 에필로그 그리고 판권 페이지까지 하나하나 배워나갔다. 서툴고 부족했지만, 책이 점차 형태를 갖춰갈수록 시작의 두려움은 사라지고 '할 수 있다'는 자신감이 조금씩 자라났다.

그렇게 나의 손길이 고스란히 깃든 첫 전자책 『쓸까 말까』

가 세상에 나왔다. 인터넷 서점에서 책 제목을 검색해 표지를 마주했을 때, 가슴이 벅차올랐다. 우리는 전자책을 제본하고, 작은 사인회를 열며 그 시간을 기념했다. 제목에서 구성까지 내 손이 닿지 않은 곳이 없는 책이라 더욱 각별한 애정이 샘솟았다. 그 후 글쓰기는 일상이 되었고, 책 쓰기는 나의 즐거운 취미가 되었다.

한 권에서 또 한 권으로

학생들을 만나며 아이들을 위한 그림 동화책을 쓰고 싶다는 마음도 자라났다. 그러나 문제는 그림이었다. 글만으로는 완성되지 않는 답답함이 남았다.

그 무렵 도서관에서 '인공지능으로 만드는 그림책' 강좌 소식을 듣고 망설임 없이 신청했다.

퇴근 후 8주 동안 저녁마다 노트북을 들고 수업에 참여했다. 목표가 분명했기에 피곤은커녕 오히려 그 시간이 기다려졌다.

AI를 활용해 원하는 장면의 그림을 만들고, 그 위에 내가 쓴 글을 더하니 멋진 그림 동화책이 완성되었다. 그렇게 네

권의 전자 그림 동화책을 내 손으로 완성했다.

하지만 종이책에 대한 갈증은 여전히 남았다. 전자책이 대세라지만, 책은 역시 손끝에 종이의 감촉이 전해져야 한다는 생각이 마음 깊숙이 자리했기 때문이었다. 취미로 책을 쓰는 입장에서 출판사 출간은 비용의 장벽이 너무 컸다. 그래서 대안으로 찾은 것이 바로 POD(Publish On Demand) 출판이었다. 주문이 들어오면 종이책으로 제작되는 방식이라 경제적 부담이 적었고, 충분히 도전해 볼만했다. 그 무렵 공저 시집을 POD로 출간한다는 소식을 듣고 바로 신청했다. 그렇게 100편의 시가 한 권으로 묶인 시집 『인생 계절』에 함께 이름을 올렸다. 산문시라는 짧은 호흡의 글쓰기는 내게 또 다른 매력으로 다가왔다.

이후 캐나다 여행을 다녀온 뒤, 사진이 담긴 여행 에세이를 쓰고 싶다는 새로운 목표가 생겼다. 뉴질랜드와 세부의 이야기를 함께 엮어 한 권의 책으로 완성하고자 다시 POD 출판을 준비하고 있다. 읽을 때마다 부족함이 눈에 띄지만, 퇴고를 거듭할수록 조금씩 나아지는 글을 만나게 된다. 단독 에세이인 만큼 욕심이 앞서, 아마 여러 번의 퇴고를 거치게 될 것 같다.

작가라는 이름을 향한 여정

책은 나에게 배움의 시작이었고, 글쓰기는 그 배움을 나만의 언어로 새롭게 빚는 과정이었다.

지인들은 농담처럼 나를 '안 작가'라고 부른다. 부끄러우면서도 기분이 나쁘지 않다. 언젠가 당당하게 "저는 작가 안선민입니다."라고 말하기 위해, 나는 오늘도 쓴다. 매일 단 한 문장이라도, 작가라는 이름에 걸맞게.

책과 독서, 글쓰기와 전자책, 동화책과 공저. 그 모든 여정이 차곡차곡 쌓여 나의 이야기를 빚어내고 있다. 글쓰기의 길은 여전히 미완성이지만, 그래서 더 설레고 풍요롭다. 내 안의 이야기를 책으로 남기고 싶다는 열망이 꺼지지 않는 한, 나는 이 길 위에 머무를 것이다. 그리고 그렇게, 나의 이야기는 앞으로도 계속 쓰여갈 것이다.

안선민

배움과 나눔,
어른 공부의 가치

작은 나눔이 바꾼 길

2002년, 월드컵의 열기로 온 나라가 떠들썩하던 그해 여름.

남편의 타지 발령으로 나는 고향을 떠나 낯선 도시로 이사했다. 하던 일을 그만두고 전업주부가 되어 아이들을 돌보며 한가로운 나날을 보냈지만, 시간이 지날수록 마음 한편이 공허했다. 사회와 조금씩 멀어지고 있다는 불안이 고개를 들었다.

그 무렵, 아파트 게시판에서 '도서관 자원봉사자 모집' 안

내문을 보았다. 책을 좋아하던 내게는 더없이 반가운 소식이었다. 책을 좋아하는 사람들과 함께한다는 생각만으로도 마음이 들떴다. 책 대출을 돕고, 행사를 기획하며, 신간을 정리하는 일은 즐거움 그 자체였다. 키보드 소리와 종이 넘기는 소리가 어우러지던 그 시간은 새 책의 설렘으로 가득한 시간이었다.

어느 날, 함께 봉사하던 분이 전화 상담 봉사를 권했다. 누군가의 이야기를 듣고 마음을 나누는 것을 좋아하던 내게 잘 어울릴 것 같다며. 그렇게 '생명의 전화' 상담원 교육을 받고, 3년 동안 전화 상담 봉사를 하게 되었다.

벼랑 끝에 선 이들의 숨 가쁜 호소, 쓸쓸하고 절박한 목소리, 그리고 조심스레 내뱉는 감사 인사까지. 그 모든 순간이 내 마음을 깊이 흔들었다.

하지만 동시에 깨달았다. 내가 누군가를 진정으로 돕기에는 아직 역량이 부족하다는 사실을.

'진정으로 도움이 되려면 더 배우고 익혀야겠다.'

이런 다짐이 마침내 나를 움직였다.

배움에서 나눔으로, 다시 배움으로

함께 봉사하던 선생님 권유로 청소년 상담 교육을 듣고, 대학에서 진행하는 슈퍼비전에도 참여했다. 그 길은 예상치 못하게 사회복지대학원 진학으로 이어졌다.

공부를 통해 인간의 발달 단계마다 필요한 욕구가 다르고 채워지지 못한 결핍이 어른이 된 뒤 더 큰 혼란으로 이어질 수 있다는 사실을 배웠다. 그렇게 인간에 대한 이해와 상담의 본질을 조금씩 깨달아 갔다. 동시에 나 자신과 가족을 바라보는 시선도 한층 더 깊어지고 넓어졌다. 공부는 곧 관계의 이해였고, 타인을 공감하는 힘을 기르는 과정이었다.

대학원 공부는 자연스레 학교 내 상담 봉사로 이어졌다. 처음 만난 내담자는 중학교 2학년 여학생이었다. 왕따를 당한 경험으로 친구 관계에 어려움을 겪고 있었다. 6개월 동안의 상담과 또래 관계 훈련을 통해 아이는 서서히 마음을 열었다.

학년이 바뀐 어느 날, 복도에서 우연히 마주친 그 아이는 내게 먼저 다가와 밝게 인사했다. 그 옆에는 또래 친구가 있었다. 그 짧은 순간이 내게 큰 울림으로 남았다.

그때 깨달았다. 상담은 누군가의 아픔을 함께 느끼고, 스스로 일어설 힘을 찾아주도록 돕는 일임을. 그때의 첫 상담 기억으로 나는 학생 상담 봉사를 계속 이어오고 있다.

상담 봉사까지 하며 학교를 드나들다 보니, 자연스럽게 학교의 다양한 교육 현장을 접하게 되었다. 교내 진행된 여러 활동이 널리 알려지지 못하는 것이 늘 아쉬웠다. 그러던 중 교육청의 '교육기자단' 모집 공고를 보고 주저 없이 지원했다.

그렇게 기자단 활동을 시작한 지 어느덧 6년째다. 아이들의 웃음소리, 선생님의 진심 어린 수업, 계절마다 달라지는 교정의 풍경까지. 나는 그것들을 정성껏 기록하고 알리는 일을 하고 있다. 작은 행사라도 글로 담아내면 누군가에게는 소중한 의미가 되었다.

"기자님, 기사 보고 아이들이 무척 좋아했어요. 행사를 멋지게 소개해 줘서 감사해요."

담당 선생님의 감사 인사 한마디에 기자로서의 기쁨과 봉사자로서의 보람이 함께 밀려왔다.

삶을 빛나게 하는 어른 공부

모든 시작은 아주 작은 봉사에서 비롯되었다. 바로 도서관 봉사를 위한 작은 발걸음이 배움으로 이어지고, 배움이 다시 봉사라는 나눔으로 이어졌다. 그 과정에서 관계가 확장되었고, 공감의 힘이 자라났다.

어른 공부의 진짜 가치가 이런 것이 아닐까.

어른 공부는 단순히 지식을 쌓는 일이 아니다. 삶을 더 깊고 넓게 바라보게 하고, 배움과 나눔이 이어지는 선순환 속에서 비로소 빛을 발한다.

오늘도 나는 그 길 위에서 뚜벅뚜벅 걸어가고 있다. 그 길 끝에서, 또 다른 배움이 나를 기다리고 있을 것이다.

안선민

말의 힘

'아~! 이를 어쩌지? 어디 갔지? 어디로 사라진 거야!' 얼굴이 벌겋게 달아오르고 울상이 된 채, 이 구석 저 구석을 뒤져 봐도 없다. 정말 사라져 버렸다. 오전 7시부터 3시간 동안 써 놓은 A4용지 3장 분량의 글이 지구 밖, 우주 속으로 사라져 버린 것이다. '아~! 뽈싸' 이런 실수를 하다니. 앞이 캄캄해지고 눈물이 쏙 빠졌다. 글을 쓰면서 중간중간 저장하라고 손주와 사위가 여러 번 당부했건만 '다 쓰고 저장하면 되지 뭐!' 하고 가볍게 생각한 것이 화근이다.

며칠 전에도 이런 일이 있었는데. 이번이 벌써 두 번째다. 얼마나! 멍청한가! 똥개. 말미잘. 나 자신을 그렇게까지 부르고 싶을 만큼 속이 상했다. 그날은 아무 일도 손에 잡히지 않았고 컴퓨터 앞에 앉는 것조차 싫었다. 충고의 말을 가볍게 여긴 결과가 가져온 좌절과 실망, 그리고 허무함. 다시는 경험하고 싶지 않았다. 삶도 이와 비슷하지 않을까? 한순간의 실수로 큰 고생을 할 수 있다는 것을 말이다. 남이 건네는 도움 되는 말은 반드시 명심하리라 다짐했다.

말 한마디로 사람의 인생이 바뀔 수도 있다는 생각이 든다. 고등학교 2학년까지 내 꿈이 뭔지 어떻게 살아가야 하는지 비전도 목표도 없었다. 중학교 2학년 때 "엄마, 나 여자 군인 될 꺼야."라고 했더니 "여자가 무슨 군인이야." 그러셨다 '아, 나는 여자 군인이 되면 안 되는구나!' 계급장을 단 멋진 제복을 입고 싶어서 여자 군인이 되려고 했던 내 꿈은 그날로 접었다.

그 후로는 그냥 좋아하는 운동을 하면서 그날그날 잘 먹고, 잘 자고, 학교 잘 다니면서 대책 없이 살았다고나 할까? 그렇게 지내던 고2 여름방학 때 배구 연습을 하던 중 쉬는 시간에 타자 실에 가서 타자 연습을 했다. 상고에 다녀서 졸업하면 취직해야 했기 때문이다. 그때는 컴퓨터가 없어서 글쓰기나 문서 작성은 타자기로만 하던 시절이었다.

집으로 돌아와서 "엄마, 나 졸업하면 취직하려고 타자 연습하고 왔어."라고 말씀드렸더니 "취직은 무슨 취직이야 대학을 가야지." 하셨다. '엥, 나는 대학을 가야 하나 보네.' 하고 대학에 갈 꿈을 꾸었다. 수도 사대를 생각했다. 지금은 없어졌지만 왜 그 대학을 생각했는지는 잘 모르겠다. 우이동 도봉산 근처에 있는 대학이라서 인천에서 다니기에는 상당히 먼 거리에 있었다. 내 생각을 아신 아버지는 "거긴 멀어. 왕복 5시간은 걸릴 텐데 너무 힘들어. 그러니까 걸어서 10분 거리에 있는 인천교대에 들어가서 졸업하고 교사 생활 1~2년만 하다가 시집이나 가."라고 하셨다.

'아~! 나는 인천교대를 가야 하나 보네.' 이렇게 생각하고는 그날부터 운동을 접고 인천교대를 목표로 학업에 열중하였다. 영어, 수학은 기초가 없어서 집중하기에 시간이 부족했고 국어, 역사, 과학, 생물, 기타 등등 암기과목을 중심으로 공부했다. 학교 도서관에서 밤 10시까지 공부하고 집에 돌아와 밥을 먹고 공부하다가 졸리면 책상에 엎드려 자곤 했다. 다음 날 아침 눈을 뜨면 밥을 먹고 학교 도서관에 가서 2시간

남짓 자율학습하고 1교시 수업에 들어갔다.

수업을 마치면 다시 밤 10시 학교 도서관 문 닫을 때까지 공부했다. 이렇게 대학 입시 날까지 공부한 기간은 약 14개월 정도다. 본고사가 마지막인 해에 대학 시험을 쳤다. 지금이야 내신이 있어 고등학교 내내 성적의 영향을 받지만, 본고사는 당일 시험만 잘 치면 합격하는 입시제도였다.

어느 겨울 새벽에 눈을 뜨니 새하얀 눈이 온 세상을 뒤덮었다. 그 새벽 아무도 걷지 않은 교정에 쌓인 눈을 밟으며 걸었다. 한발 한발 뽀드득뽀드득 소리를 내며 걸었던 길은 동화 속 나라 그 자체였다. 백설 공주가 된 듯, 한 걸음 한 걸음 내디딜 때마다 새하얀 눈은 나의 꿈과 목표에 소복이 쌓여 땡글땡글 영글어 갔다. 확실한 목표를 향한 나는 힘든 줄도 지칠 줄도 모르는 한 마리의 불사조처럼 끊임없이 나아갔다.

초등학교 3~6학년까지 4년을 학교 대표 육상선수로, 중학교 3년과 고등학교 1~2학년 여름방학까지. 총 9년여간을 선수 생활을 하면서 생긴 것은 끈기, 지구력, 투지, 하면 된다는 강인한 정신력, 불굴의 도전 정신, 악바리 근성이었다. 잠자는 시간 3~4시간과 밥 먹는 시간을 빼고는 학업에 최선을 다했다. 학교와 도서실을 열지 않는 일요일엔 아침 8시부터 밤 10시까지 문을 여는 율목 도서실에 다녔다. 새벽 6시도 되기 전, 책가방을 줄 세워 입실 순서를 정했다.

정각 8시가 되면 첫 번째 책가방 주인부터 차례로 입실을 시켰다. 난 단 한 번도 늦어서 입실을 못 한 적이 없었다. 이렇게 한 번 입실하면 꼬박 14시간을 도서실에서 나오지 않고 지독스럽게 집중하여 공부했다.

점심밥 먹는 시간은 단 5분. 새하얀 연습장이 먹지가 되도록 쓰고, 쓰고 그 위에 또 쓰고. 내 오른 새끼손가락 옆도 덩달아 먹지가 되었다. 운동을 하면서 길러진 나의 악바리 근성이 공부에도 적용이 되는 순간이었다.

그동안 부족한 나의 학습을 메우기 위하여 그렇게 밤낮으로 14개월을 시간과 싸웠다. 친구들은 "혜숙이가 떨어지면 합격할 사람 아무도 없을 꺼야! 힘내. 아자!" 하며 응원을 아끼지 않았다.

어려움 속에서도 굽히거나 힘들어하지 않고 이겨낸 것이 철없던 내가 나를 잃지 않고 어른이 되어가는 진정한 공부가 아니었을까? 지금 생각하면 참으로 대견스럽다. 어떻게 그렇게 좋아하던 운동을 하루아침에 접고 공부에 몰입할 수 있었는지.

함께 배구하던 키가 크고 덩치가 좋은 친구들은 여기저기 실업 배구 선수로 취직되어 나갔다. 내가 계속 배구할 수 없었던 이유는 다른 친구들에 비하여 키도 작고 덩치가 없어서 실업팀으로 가서 뛰기에는 부족하였기 때문이다. 중학교 때는 공격수로 뛰기도 했지만, 고등학교부터는 공격은 못 하고 공격수에게 공을 띄어주는 토사를 했다. 하물며 실업팀에 가서 선수 생활을 한다는 것은 생각할 수 없는 노릇이었다.

아버지께서는 1년만 하다가 시집이나 가라셨지만 아이들을 가르치는 것이 즐겁고 행복한 나는 44년이나 교직 생활을 했다. 그 덕분에 정년 퇴임을 하면서 대통령이 주는 '황조근정훈장'까지 받았다. 교장 발령 받기 1년 전에 세상을 떠나신 아버지. 그 모습을 보셨으면 얼마나 좋아하셨을까! 아버지 영정 사진을 교장실 책상 위에 놓고 감사의 인사를 드리면서 얼마나 울었던가! "하늘에 계신 아버지, 어머니, 잘 키워주셔서 감사하고, 고맙습니다. 사랑합니다."

내 삶을 되돌아보면 유년 시절이나 학창 시절에 좋아하는 운동을 하면서 건강하고 즐겁게 살아왔다. 한 가지 아쉬운 점은 책을 많이 읽지 못한 것이다. 단단북클럽에 등록한 것도 그런 아쉬움을 덜고 싶어서이다. 내 책상 위에는 최근에 산 18권의 책이 있다. 책을 많이 읽으며 살게 된 나의 삶에 진심으로 감사한다. 남은 인생도 열심히 살 것을 굳게굳게 다짐한다.

이혜숙

전하고 싶은 한마디 : 사랑의 말 한마디는 누군가의 삶을 바꾸게 한다.

아이들을 아프게 하는 부모

 학년 초 학급을 배정받으면 아이들에게 우리 집, 우리 어머니, 우리 아버지, 내 동생 등 아이들의 집안 사정을 알 수 있는 글짓기와 일기를 쓰게 한다. 그러면 가정 방문을 하지 않더라도 아이들의 가정 상황, 부모님의 성향, 가족 간의 관계에 대하여 어느 정도 파악할 수 있다.

 그 속에는 상상할 수도 없는 다양한 이야기들이 담겨있다. "엄마가 빨리 죽었으면 좋겠어요.", "아버지가 엄마를 때려요.", "아빠가 술 먹고 와서는 집안을 때려 부숴요.", "공부하기 싫어요.", "죽고 싶어요.", "학원 가기 싫어요.", "동생이 없었으면 좋겠어요." 기타 등등 반 아이들의 가정사를 어느 정도 파악하고 있는 것이 아이들 지도에 많은 도움이 된다. 국어, 수학, 기타 학습을 가르치는 것도 중요하지만 올바른 인성과 성품을 가지도록 지도하는 것이 더 중요하다고 본다. 어려운 상황을 스스로 이겨내고 헤쳐 나가는 능력을 키워주는 것이 교사로서 책임과 의무를 다하는 것으로 생각한다.

그래서 교실 뒤 한 쪽에 상담실을 꾸며 놓는다. 책상 두 개를 붙여놓고 예쁜 책상보도 씌워놓고 꽃이든 화병도 올려놓고 '소리함'이라는 우체통도 준비한다. 하고 싶은 말이 있거나 선생님과 상담하고 싶은 것이 있으면 이것을 언제든지 이용하게 하여 아이들의 문제를 해결해 주기 위해서다.

5학년을 담임하던 어느 해의 일이다. 가희(가명)가 상담실의 문을 두드렸다. 방과후 아이들이 다 돌아가고 난 빈 교실에 가희와 단둘이 마주 앉았다. "예쁜 가희님이, 무슨 고민이 있어서 선생님을 찾아오셨을까?" 슬픔이 가득 담긴 얼굴을 한 가희는 한동안 말을 못 하고 닭똥 같은 눈물을 뚝뚝 흘렸다. "선생님, 아이들이 저보고 거지래요." 뜻밖의 말을 듣고 깜짝 놀랐다. 가희의 이야기는 대충 이랬다. 부모님은 가희와 남동생을 할머니에게 맡겨두고는 오가지도 않고 생활비도 대주지 않는단다. 생활 능력이 없으신 할머니는 폐휴지와 빈 병을 모아 판 돈으로 근근이 가희 남매를 키우고 계신다고 했다. 또 아파트 헌 옷 수거함에서 아이들이 입을 만한 옷을 골라 가져다 입히는 것을 보고 아이들이 거지라고 놀린다는 것이다.

"가희야, 기죽지 말아라. 그런 소리하는 친구들이 철이 없어서 하는 소리다. 마음 쓰지 말고 꿋꿋하게 살아가렴. 열심히 공부해서 그 누구도 너를 얕잡아보지 못하게 실력과 능력을 갖추는 어른으로 성장해야 한다. 이제 5학년이 되었으니, 집안일도 하고 옷도 깨끗이 빨아서 단정하게 입고 고생하시는 할머니와 동생도 잘 보살피거라. 무엇보다도 책 속에 길이 있으니, 책을 많이 읽어 너의 꿈과 희망을 찾기 바란다. 학교 도서관에 있는 책을 다 읽어야 졸업한다는 생각을 가지고 책을 많이 읽으렴."

나는 가희에게 이런 말로 꿈과 희망을 심어주었다. 따뜻한 위로와 관심으로 안아주고 보듬어 주었다. 외롭거나 쓸쓸하지 않게 해 주었다. 반 아이들에게 따로 충고도 하고 가희와 사이좋게 지내라고 타일렀다.

다음은 전학해 온 수정(가명)이 이야기다. 귀엽고 똘똘하면서 붙임성이 많은 아이다. 쉬는 시간, 점심시간, 방과후에도 집에 얼른 가지 않고 내 주변에서 뱅뱅 돌면서 종알종알 말해 오곤 했다. 전학 와서 친 첫 시험도 제법 잘 쳤다. 그러던 어느 날 수정이가 상담실 문을 두드렸다.

"선생님, 우리 아버지는 바람을 잘 피우는데 그 버릇은 죽어야 없어진대요."하는 것이다. 어린아이 입에서 나올 말은 아니지 않은가? 기가 막힐 노릇이다. "선생님, 제가 이렇게 공부를 잘하는 것이 신기해요."

수정이 말에 의하면 아버지는 성남에서 부동산을 하셨는데 맨날 차에 다른 여자들을 태우고 다니면서 바람을 피웠다는 것이다. 엄마가 화가 나서 차에 불을 질렀다고 한다. 그래서 부천으로 이사를 왔는데 아빠의 그 버릇은 여전히 고쳐지지 않았다고 한다.

화가 난 엄마는 매일 늦게 집에 들어오고 밥도 안 해 준다고 했다. 오빠랑 자기가 밥을 먹었는지도 모르고 돌보지도 않는단다. 이런 환경 속에서도 오빠와 자기가 공부를 잘하는 것이 신기하다는 것이다. 정말 그랬다. 신기했다.

"수정아, 넌 참 대견하구나! 그런 환경 속에서도 공부 잘하고 스스로 꿋꿋하게 살아간다는 것은 대단한 일이란다. 가정 상황이 어떻든 너는 너의 할 일인 공부를 열심히 해서 성공하렴. 당당하고 떳떳하게 자란 모습을 부모님께 보여주는 것이다. 그것이 너희들을 돌보지 않은 부모에 대한 복수란다. 자! 봐라! 부모님이 보살펴주지 않았어도 이렇게 잘 자라지 않았느냐! 큰소리칠 수 있게 말아야."

나는 이렇게 조언과 함께 수정이를 위로해 주었다. 그 후에도 수정이는 공부도 잘하고 각종 상을 받으며 바르고 씩씩하게 잘 자랐다.

가희와 수정이 부모님은 아이들에게 진심으로 사과해야 한다. 아이들을 불행하고 아프게 한 죄! 아이들에게 눈물 젖은 빵을 먹게 한 죄! 그 죄가 얼마나 큰 건지 아시는가? 이 세상 부모들과 어른들은 반성해야 한다. 아이들이 잘 자라도록 돌보아야 할 의무와 책임이 있다. 부모나 어른들은 철이 들고 어른 값을 제대로 해야 할 것이다.

나도 반성할 것이 많은 사람 중 한 사람이다. 바쁘다는 핑계로 둘째 딸내미의 졸업 연주회에 가지도 않았다. 지금 생각하면 둘째가 가여워서 눈물이 난다. 어떻게 엄마가 되어서 사랑하는 딸내미의 졸업 연주회에도 안 갔는지! 반성하고 후회해도 용서받지 못할 일이다. 어느 날 둘째가 "엄마는 딸을 둘씩이나 키우면서 생리대 한 번이라도 사준 적 있어?" 하는 데 할 말이 없었다.

그런데도 늘 내 곁에서 챙겨주고 보살펴주는 둘째. 결혼하여 떡두꺼비 같은 아들을 둘씩이나 낳고 사모님 소리를 들어가면서 잘 살고 있는 모습을 보면 대견스럽다. 바쁘게 살아온 나와는 다르게 두 아들에게 최선을 다하는 좋은 엄마, 다정한 엄마가 된 둘째가 한없이 고맙다. 그런 우리 둘째를 아주 많이 사랑하고 존경한다.

첫째 딸내미는 대학 3학년 겨울방학 때 미국으로 유학하러 갔다. 지금까지 돌아오지 않고 미국 시민이 되어 살고 있다. 멀리 떨어져 산 세월이 길어서 엄마로서 딸에게 제대로 된 사랑 한 번도 주지 못했다. 그것이 가슴이 저리도록 안타깝고 애처롭다.

이역만리 머~언 이국땅에서 얼마나 외롭고 힘들었을까? 나태하거나 쾌락에 빠지지 않고 앞만 보고 올바르게 30여 년을 살아온 우리 첫째. 지금은 대통령이나 국회의원보다 더 높은 연봉을 받으면서 당당하게 살고 있다. 지난 8월에는 뜰이 아주 넓은 집으로 이사해서 정원 가꾸기에 바쁜 나날을 보내고 있단다. 하느님께 정말 감사드린다. 어제는 이웃 사람들과 친구들 30여 명을 초대하여 집들이 겸 생일잔치를 했단다. 밝고 건강하게 잘 살아 주어서 얼마나 감사한지.

 난 지금까지 나름대로 최선을 다하면서 살았다고 자부한다. 긴긴 세월 살아오면서 씩씩하고 꿋꿋하게 철의 여인처럼 살아온 것은 사랑하는 두 딸이 있었기 때문이다. 남은 삶을 사는 동안 두 딸에게 못다 한 사랑을 10배 100배 1,000배 갚으면서 살아가려 한다.
 "하늘만큼 땅만큼 사랑하는 딸들아, 우리 건강하고 행복하게 오래오래 잘 살아 가자구나!" 지금까지 한눈팔지 않고 열심히 살아온 것처럼 앞으로도 성숙한 어른으로 잘 살아갈 것을 다짐한다.

이혜숙

 전하고 싶은 한마디 : 열심히 산다는 것은 행복을 보장하는 것이다.

맨걸스로의 탄생

어느 해 추석날이다. 11시 미사를 마치고 성당을 나오는데 다섯 손가락 모임의 한 자매가 "언니, 점심. 같이 먹을까요?"하고 말을 걸어왔다. "그래? 좋지." 의기투합 된 우리는 신이 나서 근처 김밥집에서 김밥 한 줄씩 시켜놓고 이런저런 이야기를 나누면서 즐겁게 점심을 먹었다.

그녀는 나에게 "언니, 나 점심 먹고 경신 산가서 맨발 걷기할 건데 같이 가실래요?"라고 말했다. 평소 적극적이고 열정적인 내가 마다할 이유가 하나도 없었다. "그래. 집에 가도 별로 할 일도 없는데 잘됐네. 좋아, 가지 뭐."하고는 선뜻 대답했다.

가을 경신산은 상큼한 바람과 함께 코스모스 향기를 품은 채 나를 맞아주었다. 그리 높지 않은 야산이라서 힘들지 않았다. 조금 올라가다 신발을 벗고 맨발로 걸어갔다. 맨발로 땅을 밟기는 이번이 처음이었다. 간지럽기도 하고 발이 따갑기도 했다. 그러나 기분은 아주 좋았다.

주변에 맨발로 걷는 사람들이 제법 보였다. 추석이라 그런지 가족들과 걷는 사람, 혼자서 걷는 어르신, 데이트하는 젊은 남녀, 아저씨와 아주머니 등등 다양한 사람들이 걷고 있었다. 나의 맨발 걷기는 그렇게 시작되었다. 걷고 나니 정신이 맑아졌고, 기분이 상쾌하였다.

우리 집에서 경신산까지는 30~40분 정도 걸어야 해서 바쁜 나로서는 매일 가기가 어려웠다. 그래서 우리 아파트 주변에 걸을 만한 곳이 있나 찾아보았다. '옳거니, 바로 아파트 옆에 장수천과 오솔길이 있지!'

다음 날부터 장수천 오솔길을 혼자서 걷기 시작하였다. 장수천을 따라 졸졸 흐르는 물소리, 지지배배 새들의 지저귀는 소리, 청둥오리 10마리가 물살을 가르며 헤엄치는 모습이 보기 좋았다. 그 모습은 장수천을 지나는 사람들의 마음을 설레게 하고 발걸음을 멈추게 하였다. 기분이 좋아지고 힐링이 저절로 되었다.

장수천 오솔길은 물가 옆이라서 늘 촉촉하게 젖어 있어서 맨발로 걷기에 딱 좋은 길이다. 이렇게 매일 걷다 보니 걷는 사람이 하나, 둘 생겨 5명이나 되었다. 우리는 '맨걸스'라는 이름으로 모임을 만들었다.

'맨걸스'의 뜻은 '맨발로 걷는 사람'도 되고 '맨발로 걷는 여자들'이란 뜻도 담겨있다. 회원들은 매우 만족해하였다. 맨걸스 회원 5명은 매일 걸었다. 혼자 걸을 때보다 함께 걸으니 더 신이 났고 즐거웠다.

12월 어느 날 맨걸스회의 첫 모임을 가졌다. 나이가 제일 많아 회장으로 뽑힌 내가 저녁을 샀고 찻집에서 차도 마셨다. 추억이 될 사진도 몇 장 찍었다. 예쁘게 나온 사진 1장을 골라 컵에 담아 선물로 주기도 하였다.

맨발 걷기는 1년 365일 중 일요일도 쉬는 날도 방학도 없다. 맨발 걷기 국민운동본부에서는 매년 겨울이 되면 100일 대장정 프로젝트를 실시한다. 겨울에도 쉬지 않고 걷게 하기 위해서다. 왜냐하면 추운 겨울에는 사람들이 맨발 걷기 하는 것을 꺼리기 때문이다.

이 프로젝트에 참여하여 완수한 사람에게는 표창장을 준다. 표창장을 받기 위해서라도 맨발 걷기 하는 사람들은 눈이 오나 비가 오나 바람이 부나 걷고 또 걷는다. 작년에는 나와 젊은 친구 1명이 표창장을 받았으나 올해는 5명이나 받아서 매우 기분이 좋았다.

우리 맨걸스 5인방은 겨울에도 쉬지 않고 걸었다. 그러나 추워서 겨울에 걷지 않던 사람들이 따뜻한 봄이 되니 장수천 오솔길로 나와 걷기 시작했다. 작년보다 더 많은 사람이 맨발 걷기에 참여하였다.

동네 어르신들은 잠도 없으신지 날이 훤히 밝아오면 삼삼오오 짝을 지어 나오셨다. 걷고 나니 다리 쑤시는 것이 없어지고, 잠도 잘 오고, 식욕도 좋아졌다고 하신다. 비가 오기 전에 무릎이 쑤시던 증상이 없어졌다고 난리치며 좋아하셨다. 육이오 때 난리는 난리도 아니다.

이렇게 많은 인원이 걷다 보니 불편 사항을 호소해 왔다. "길이 좁다. 마주 오면 비켜서기도 어렵다. 풀이 살갗을 스쳐 피가 난다. 내려오는 계단이 멀어서 불편하다. 여기저기 패인 곳이 많아 발이 빠진다. 다리 밑이 어둡다. 장수 2교 다리가 너무 지저분하고 더럽다." 기타 등등 여러 가지 시정을 요구

해 왔다.

맨걸스 회장인 나로서는 사람들의 건의 사항을 묵과할 수만은 없었다. 주민들 100여 명의 서명받아 남동구청 치수과에 민원을 넣었다.

답변은 '내년에 인천시에서 장수천 개발 계획이 있으니 기다리라'라고 했다. 실망하는 주민들을 보면서 참았다. 그러다가 7월 말경 내년은 내년이고 지금 당장 주민들이 불편함을 느끼고 비용도 얼마 들지 않을 것 같으니, 건의 사항을 들어줄 것을 200여 명의 서명을 받아 다시 올렸다.

드디어 주민들의 처지를 이해하신 남동구청장님의 도움으로 약 한 달간의 공사 끝에 장수천 오솔길 1.2킬로 구간이 맨발 걷기에 좋은 길로 완성되었다.

1. 담방A~장수3교 1.2km 구간의 폭이 2m 너비로 넓어짐.
2. 장수2교 다리가 연두색으로 도색 완료.
3. 이어지지 않았던 4곳의 길을 한 번에 걸을 수 있게 정비 됨.
4. 영동고속도로에서 떨어지는 빗물을 장수천으로 빠지게 함.
5. 영동고속도로 밑 어두운 곳에 할로겐을 더 달아 밝게 함.
6. 아파트에서 장수천 오솔길로 내려오는 계단을 새로 만듦.

난 이 길을 '맨걸스로'라고 이름 붙였다. 이렇게하여 '맨걸스로'가 탄생하게 된 것이다. 장수천 오솔길은 많은 변화를 불러왔다. 40여 명의 회원들과 많은 주민들을 모시고 "장수천 맨발 산책로 확장 기념식"을 가졌다. 정식 절차를 거쳐 성대한 기념식이었던 만큼 여러 방송매체에 보도되기도 했다. 그날 이후로 '맨걸스로'를 이용하는 사람들이 눈에 띄게 많아졌다.

오솔길을 2m 간격으로 넓혀 놓았으니 돋아나는 풀을 뽑아야 하고 낙엽이나 나뭇가지가 떨어지면 쓸어 주어야 했다. 관리는 우리 맨걸스 회원들의 몫이 되었다. 회원들은 힘을 모아 열심히 풀도 뽑고 낙엽도 쓸고 오리 똥도 치우면서 맨걸스로 관리에 많은 힘을 쏟고 있다. 맨걸스 회원들에게 감사한 마음이다. 올겨울에도 맨발 걷기 국민운동본부에서 실시하는 100일 대장정에 많은 회원들이 참가하여 건강도 지키고 내년 봄에 표창장도 받기 바란다.

발은 제2의 심장이다. 그런 발이 건강해야 몸의 건강도 지킬 수 있다. 내가 맨발 걷기에 많은 관심을 가지는 이유도 죽는 날까지 건강한 삶을 살기 위해서다.

맨발 걷기를 하면 지압 효과와 접지 효과로 면역력이 좋아진다. 고혈압, 당뇨, 불면증, 소화불량, 무좀, 이명증, 심혈관 질환, 알츠하이머, 치매, 파킨슨병, 각종 암도 사라진다. 우리 모두 100세 시대에 매일 맨발 걷기와 운동을 꾸준히 하여 남은 삶을 건강하게 잘 살기 바란다.

이혜숙

 전하고 싶은 한마디 : 건강은 자신이 건강할 때 스스로 지켜야 한다.

서비스업의 기본은 친절

어느 날, "엄마, 한의원에 와서 간호사들 좀 교육해 줘." 남편을 한의원 원장으로 두고 있는 둘째 딸내미가 한 말이다. 제법 심각한 표정으로 하는 말이 심상치가 않았다.

70여 년을 살아왔고 오랜 교직 생활로 어린아이들, 선생님들, 학부모들, 어르신들, 동료 직원들, 남녀노소를 막론하고 다양한 사람과 접촉하고 상대해 왔으니, 누구를 만나더라도 거리낌 없이 자연스럽게 대화할 수가 있다. 또, 학교장으로서 기간제 교사들과 방과후 교사들을 많이 채용하다 보니 몇 마디 말해보면 그 사람의 성품과 인성을 어느 정도 파악할 수 있다. 이렇게 사회 경험이 많은 나에게 도움을 요청한 것이다.

가끔 지인들이 한의원에 관한 이야기를 들려주었다. 간호사들이 친절하지 않다거나, 환자들이 오는지 가는지도 모른다거나, 원장님이 오후 2시가 지나도 자리에 없다거나, 기다려도 진료 받을 수 없다는 등의 불만이었다. 그런 이야기가 들릴 때마다. "좋지 않은 말이 들리니 조심들 해라."라는 말을 전하곤 했었다. 하지만 도대체 왜 이런 이야기가 들리는지 직접 들어가서 보기로 했다.

10여 년 전 어느 날 처음으로 한의원에 투입되었다. 한의원 식구들의 웃음기 없는 얼굴, 침체한 분위기, 무표정한 환자들, 그런 중에 '고주파'라는 기계가 들어오면 한의원 근무를 하지 않겠다는 간호사가 있었다.

고주파라는 기계는 환자들의 치료에 도움을 주기 위하여 큰돈을 투자하며 들여놓는 기계인데 간호사가 안 하면 누가 해? 원장님이? 사모님이? 간호사들이 당연히 해야 하는데 못한다니 말이 돼? 문제였다.

며칠 후에 고주파 기계가 들어왔다. "간호사님, 사모님과 원장님이 보고 계시니 고주파 기계 한번 하지 그래요?"하고 부탁했다. "싫어요." 단칼에 거절했다. '와~! 이럴 수가!' 기가 막혔다. 당돌하였다. 안 되겠다. 이런 간호사와 함께 일하기는 어려웠다. 할 수 없이 그 간호사를 12월 말로 퇴사시켰다.

한 번은 막 아침 근무를 시작할 때였다. "간호사님, 환자가 침대에 올라가시면 슬리퍼를 입구 반대편 안쪽으로 넣어서 기계가 드나드는데 불편하지 않게 해 주세요."라고 정중하게 부탁했다.

그랬더니 "그걸 왜 제가 해요?" 대뜸 하는 말이다. 어머나! 어떻게 간호사 입에서 그런 말이 나올 수 있는지! 그럼, 누가 해? 슬리퍼가 치료실 입구에 있으면 기계가 드나들기가 불편해서 한 소린데. "제가 왜 하냐?"라니 어처구니가 없었다. 그 간호사도 그날로 퇴사시켰다. 원장님은 근무하러 나온 간호사에게 잔소리해서 나가게 했다고 속상해했다.

"원장님, 사람은 얼마든지 있으니 걱정하지 마세요. 면접 본 사람 중 괜찮은 사람 있으면 전화해 보세요."라고 했다. 한 친구가 오후 2시부터 근무할 수 있다고 해서 오라고 했다.

지금 그날 입사한 간호사가 9년째 근무하고 있다. 친절하고 상냥하고 명랑했다. 시원시원하게 업무도 잘 보았다. 무엇보다 인성이 좋아 긍정적이고 적극적이었다. 부지런하고 준비성도 좋았다. 건강하고 튼튼해서 일도 잘했다. 우리 한의원에 딱 맞는 적격자였다.

나는 늘 일찍 출근하여 진료에 지장이 없도록 점검해 놓고 한의원 식구들을 웃으며 맞이한다. 그러던 어느 날 새로 채용한 간호사가 출근하면서 아침 인사도 없이 훅 들어가 버린다. 또 근무 중에 말없이 외출도 한다. 환자들 주려고 준비한 간식을 수시로 먹고 미안한 기색도 없다. 점심 식사도 혼자 따로 먹는다. 어른에 대한 예의도 없고 동료 간에 소통도 없으면서 안하무인격이고 기본이 안 된 간호사를 계속 쓸 수는 없는 노릇이다. 그 간호사도 열흘 만에 퇴사시켰다.

직장에 근무하려면 바른 인성을 갖추는 것은 기본이 아닌가? 직장인으로서 바른 인성과 덕목을 지니는 것은 그 사람의 소양이고 됨됨이라고 생각한다. 고등교육을 받은 사람이라면 당연히 그런 기본적인 상식과 소양이 있어야 한다고 본다. 그것이 부족하면 어디를 가나 환영받지 못하는 것은 당연하다고 본다.

간호사들에게 항상 하는 말이 "첫째도 친절, 둘째도 친절, 셋째도 친절."하라고 했다. 상냥한 미소, 친절한 말씨, 밝은 표정을 잃지 않도록 말이다. 환자를 대하는 기본예절과 소양을 갖추게 했다. 시트, 베개, 타올 등이 깨끗하고 청결하게 하고 간호 복장도 늘 깨끗하게 하도록 말했다. 세탁기를 너무 돌려서 세탁기가 아프고 할 정도다. 원장님에게도 오후 2시부터 진료 시간이면 10분 전에 들어와서 양치질도 하고 복장도 단정히 하여 진료에 지장이 없도록 준비할 것을 부탁드렸다. 지금은 아주 잘 지키고 계신다. 감사한 일이다.

8년 전쯤 내가 일이 있어서 아르바이트 간호사를 두 달간 채용했었는데 계약기간이 만료되면 퇴사하겠다고 했다. 그 간호사는 마음이 따뜻하면서 차분하게 일을 잘하고, 착한 성품의 기본이 잘된 사람이었다. 원장님에게 그녀를 계속 채용하라고 권해 드렸다.

그 아르바이트 간호사는 화요일과 목요일 6시에 퇴근만 시켜주면 계속 근무하겠다고 했다. 조건을 들어주었다. 지금 그녀는 8년째 근무하고 있다. 간호사 둘이 원장님을 잘 도와주고 환자들에게는 정성을 다하여 치료해 주고 있다.

원장님은 조용히 치료에 최선을 다하시고, 친절하고 상냥한 간호사들이 있어서 참 좋은 한의원이라고 생각한다. 환자들이 우리 한의원은 "안정되고 차분하다. 친정집 같다. 본가에 온 것 같다. 아늑하고 포근하다. 따뜻하다. 깨끗하다. 간호사들이 친절하다. 원장님이 착하다. 이 실장이 없으면 허전하다."라며 칭찬이 자자하다.

한의원도 서비스업이다. 70~80%가 친절해야 한다. 우리 한의원에 어르신들이 많이 오시는데 친절하고 상냥하게 대해드리면 싱글벙글 웃으시며 무척 좋아하신다. 어르신들이 한의원에 오셔야 하는 이유가 있다.

첫째, 진료비가 싸다. 둘째, 침, 찜, 물리치료, 전기 뜸, 전기 침, 고주파, 장화, 정성스러운 치료, 부항 등 다양한 치료를 받을 수 있다. 셋째, 안마의자, 전신 안마기, 종아리 치료기. 목 치료기, 등 치료기, 발바닥 치료기 등 여러 가지 기구를 마음껏 이용할 수 있다. 넷째, 상담교사 자격증이 있는 내가 주로 하는 일은 십전대보차 대접하며 담소 나누기, 인생상담해 드리기, 외로움 달래 드리기, 하소연 들어드리기 등이다. 어르신들은 하루 종일 홀로 지내시기 때문에 이야기하기를 무척 좋아하신다.

한 번 오신 분들은 자주 이용하시고 가족들, 친구들, 이웃사촌까지 소개해 주신다. 이것은 정성과 친절과 상냥함이 있기 때문이다.

지금은 나름대로 평판 좋은 한의원으로 자리매김하고 있다. 원장님은 명의라 침도 잘 놓고 약도 잘 지으신다. 간호사들은 상냥하고 친절하게 환자들에게 최선을 다한다. 둘째 딸내미는 불친절하다는 오명을 벗게 해 주고 한의원의 걱정을 덜게 해 주었다고 고마워하고 있다.

행복해하는 둘째를 보면 기분이 좋아지고 보람을 느낀다. 앞으로 더 깊고 넓은 소양을 쌓아서 덕망 있는 어른이 되어 많은 사람들에게 도움을 주도록 하겠다. 또한 모두에게 존경받는 사람으로 거듭날 것을 다짐한다.

이혜숙

전하고 싶은 한마디 : 정성과 친절과 상냥함으로 진심을 다하면 행복이 찾아온다.

나는 건강지킴이

 매일매일 맨발 걷기를 잘하고 있는 어느 날 갑자기 동네 후배 동생이 "언니, 우리 헬스장 다닐래요?"라고 했다. "뜬금없이 무슨 헬스장?"하고 되물었다. 친정 오빠가 젊어서부터 헬스장에 다니면서 몸 관리를 한 것은 알고 있었지만 '내가 헬스장에 다녀?', '다닐 수 있을까?', '생소한데?', '한번 다녀볼까?'. 우선 널찍하고 깨끗하면서 다양한 운동 기구가 갖춰져 있어 호감이 갔다. 운동을 좋아하고 새로운 것에 도전하는 것을 두려워하지 않아 등록했다. 지금부터 딱 1년 6개월 전의 일이다. 긍정적인 마음으로 시작했다.

 지금부터 77년 전 인천 남구 도화동 수봉산 밑자락 한옥에서 막내딸로 태어났다. 태어나고 보니 오빠가 둘이 있었다. 제법 큰집 넓은 마당 한가운데에는 둥근 우물이 있었다. 한여름에는 두레박으로 물을 퍼서는 등목하기도 하고 목욕도 했다. 우물 옆에는 앵두나무가 한그루 있었다. 빨갛고 탐스러운 앵두가 해마다 많이 열려 맛있게 따먹던 기억이 난다.

내 기억 중에 가장 오래된 것은 엄마 등에 업혀 경인 도로 큰 행 길에 나가 만세를 부르는 것을 목격한 일이다. 엄마 손과 내 손에도 태극기가 들려 있었다. 동네 사람들이 모두 나와 목청껏 만세를 부르고 태극기를 흔들었다. 행 길에는 군인들을 태운 지프차들이 줄지어 서울로 달려가고 있었다. 이 가슴 벅찬 역사의 현장에 아기인 내가 있었다니! 감격스러웠다.

지금 생각하니 광복 후 일본의 억압 속에서 벗어나 행복하게 사나 싶었으나 생각지도 않은 6.25 전쟁이 발발하였으니 기쁨도 잠시 시민들은 공산당의 총칼을 피해 남으로, 남으로 내려갔다. 수세에 밀리던 아군들이 고전을 면치 못하고 있을 때 맥아더 장군이 인천 상륙작전에 성공하여 서울로 서울로 진격하는 모습이었던 것 같다.

난 여자아이지만 오빠들과 살다 보니 선머슴처럼 살 수밖에 없었다. 구슬치기, 잣 치기, 땅따먹기, 말타기, 제기차기,

딱지치기, 비석 치기, 무궁화꽃이 피었습니다. 기타 등등 헤아릴 수 없이 많은 놀이를 하면서 자랐다. 정월 대보름에는 동네 아이들과 수봉산 꼭대기에 올라가서 깡통에 짚을 넣고 불을 지펴 돌리면서 쥐 불놀이도 하였다. 수봉산에 둥근 불덩이가 빙글빙글 돌아가는 것은 볼만한 장관이었다.

술래잡기하며 수봉산에 올라가 숨기도 하고 낮이고 밤이고 지칠 줄 모르고 들로, 산으로 뛰어다니며 신나게 놀고 또 놀았다. 너무나 놀아서 겨울이 되면 계집아이 볼이 얼어서 빨갛고 손등은 터져서 까칠까칠하고 피가 나기도 하였다. 그러다가 집에 들어가면 방문 앞에 양말을 살며시 벗어놓았다. 왜냐하면 발이 더운 것을 매우 싫어해서이다. 발이 시원해야 기분이 좋다. 엄마 눈치를 보면서 언제나 맨발로 방에 들어간 기억이 난다. 지금도 잘 때는 이불 밖으로 두발을 쏙 내놓고 자는 버릇이 있다.

6.25 전쟁 통이라 출생 신고를 늦게 하는 바람에 호적상으로 나이가 2년이 줄어있었다. 초등학교 입학 당시에 2년 늦게 입학할 수도 있었으나 호적이 잘못되어 고칠 예정이라고 하고는 입학했다. 초등학교에 입학하고 보니 키가 작아 맨 앞에 섰다. 그래도 가을이 되어 운동회를 하는 날, 달리기를

하면 언제나 1등을 해서 공책을 3권이나 받았다. 그리고 청군 백군으로 나누어 운동장 반 바퀴를 도는 이어달리기 시합을 하면 언제나 1학년 여자 대표로 뽑혀 나가곤 했다. 그러면 또 상을 받아 기분이 매우 좋았다. 부모님과 함께하는 경기에서도 아버지는 내 손을 꽉 붙잡고 있는 힘껏 달려서 또 1등을 했다. 그래서 나는 체육 시간을 좋아했고 운동하는 것을 매우 즐거워하게 되었다. 성적표에도 체육은 항상 '수'였다.

초등학교 1학년이 끝날 무렵 이사를 하는 바람에 다른 초등학교로 전학을 갔다. 여기서도 달리기를 잘하여 3~6학년까지 육상선수 생활을 하게 되었다. 아침 6시에 체육복을 입고 오빠들이랑 학교 운동에 가서 준비체조, 계단 오르기, 줄넘기, 육상선수에 필요한 여러 가지 기초 훈련을 받았다. 아침 운동을 마치면 집으로 뛰어와서 아침밥을 먹고 책가방을 메고 학교에 가서 수업받고 방과후에는 또 훈련받고 어두워지면 집으로 돌아왔다.

이런 선수 생활을 초등학교에서 4년 동안 받았다. 그러다 보니 체력이 강해지고 튼튼해졌다. 책임감이 강해지고 끈기와 적극성과 근면 성실성이 이 시기에 길러진 것 같다. 어려움을 참고 견디는 내공도 생기고 스스로 생각하고 해결하는 능력과 도전 정신도 생겼다.

1960년대 그 당시에는 중학교에 진학하려면 입학 자격시험을 치고 합격해야만 입학할 수 있었다. 공부에는 관심도 없고 운동만 하던 내가 중학교 입학시험을 잘 쳐서 무사히 진학하게 된 것이 한없이 기특하고 자랑스러웠다. 중, 고, 대학에 들어가서는 배구 선수로 활동 했다. 어려서부터 운동으로 다져진 나는 평소 건강관리에 많은 신경을 썼다. 교사로 근무하면서도 큰 교실을 배정받아 교실 뒤편에 탁구대를 놓아 방과 후에 탁구하면서 건강을 다졌다.

요즈음은 6시에 기상하여 1시간 맨발 걷기, 헬스장에서 1시간 동안 다양한 기구하기, 우리 아파트 19층 계단 오르기, 만 보 걷기, 직장 생활하기 등 여러 가지 운동과 사회활동을 하면서 매일매일 건강을 다지고 있다.

'건강의 아이콘', '건강 미인', '건강 지킴이', '건강 전도사'. 친구들이 붙여준 이름이다. 난 이런 이름이 좋다. 친구들에게 건강에 관한 정보도 자주 보내고 공유한다. 건강을 지키는 데는 일요일도 휴일도 방학도 없다. 매일 꾸준히 해야 하는 것이 건강을 지키는 비결이다.

운동을 좋아하고 활동적인 내가 헬스장에 다니기로 한 것은 참 잘한 일이라고 생각한다. 헬스장 다닐 것을 권한 동네 동생에게 감사하다. 헬스장에 다니면서 동네 친구들도 사귀고 함께 어울리면서 사회성도 커지고 대인관계도 좋아졌다.

건강이란 몸도 마음도 건강해야 진정한 건강이 아닌가 생각한다. 잘 먹고, 잘 자고, 잘 싸야 한다. 이 세 가지를 못 하면 병원에 가야 한다. 그러니 병원에 가지 않으려면 건강을 잘 지켜야 한다.

헬스장에서 체성분 검사를 했는데 84점이 나왔다. 아주 잘 나온 것이란다. 1년 후에 재보니 87이 나왔다. 헬스장 PT 선생님이 "완전 대박"이라고 했다. 내 나이에 이 정도면 상위 1%라고 했다. "계속 열심히 운동해서 체지방 검사에서 90을 넘기자."하는 목표가 생겼다. 건강에 좀 더 관심 가지고 노력해서 멋진 건강인이 되고 '건강 전도사'로 살아가고 싶다. 운동은 내게 몸의 변화만이 아니라, 삶을 대하는 태도까지도 바꿔 주었다. 이제 나는 더 나은 나를 향해, 오늘도 힘차게 걷는다.

이혜숙

전하고 싶은 한마디 : 건강을 지키는 비결은 매일 꾸준히 운동하고 관리하는 것이다.

이것만은 꼭 부탁해요

 살아온 세월이 강산이 7번 변하고 7년의 세월이 더 흘렀다. 아~! 이런 것을 했더라면 좋았을걸! 하면서 하지 못한 것에 대한 후회가 있어서 다시 그 시절로 돌아가고 싶을 때가 있다.
 첫 번째, 교직 생활을 하면 해마다 쓰는 교무 일지다. 그것을 모아두지 않은 것이다. 학년 초부터 학년말까지 회의, 연수, 아이들에 대한 메모, 아이들의 명단, 편지, 글짓기, 사진, 상담 내용, 특이 사항 등등 기타 여러 가지를 적는 수첩이다. 이 수첩을 모아두었더라면 제자들이 보고 싶고 그리울 때 들여다보고 추억할 수 있을 텐데 하는 아쉬움이 너무나 많다.

먼 훗날 제자를 만나면 어느 해 어느 반 제자인지 찾아보고 잊었던 그 시절을 제자와 함께 회상할 수 있게 말이다. 그러지 못한 것이 속상하다. 만약 이 글을 읽는 선생님이 계시다면 나처럼 후회하는 일이 없도록 교과서와 교무일지를 비롯해 1년 동안의 모든 자료를 해마다 1상자씩 모아 두기 바란다. 퇴직할 때가 되면 박물관 차려도 될 정도가 될 것이다.

두 번째, 초등학교부터 일기는 자주 썼었는데 이사 다니고 집 정리를 하면서 소중하게 생각하지 않고 보관하지 않은 것을 후회한다. 쓰다 안 쓰다 한 것도 후회된다. (2006. 01. 01) 일기에는 새해를 맞이하면서 하느님께 가정의 평화와 안녕을 비는 내용이 기록되어 있다. (2007. 10. 05) 둘째 딸내미가 시집가게 되어 청첩장 돌린 이야기가 적혀있다. (2009. 01. 18) 첫 손주를 맞이하며 기쁘고 가슴 벅찼던 순간이 아주 상세히 적혀있다. 지금 읽어봐도 감격스럽다. (2018. 11. 17) 둘째 딸내미가 땅에 관심을 가져서 같이 강화도로 시장조사를 갔었다는 내용이 담겨있다. 이렇게 지난날의 일기를 보면 이런 일도 있었고 저런 일도 있었구나! 생각하면 그때 그 시절이 새롭고 흐뭇한 미소가 지어진다. 그런데 그런 일기를 꾸준히 쓰지 못한 것이다.

세 번째, 좀 더 일찍 퇴직 후에 무엇을 할 것인가? 진지하게 생각하지 않은 것이다. 퇴직 후에 제2의 인생을 어떻게 살 것인가에 대하여 미리미리 찾아보고 준비를 해야 한다. 퇴직한 뒤에 찾으면 이미 늦다.

말을 잘하고 말하는 것을 좋아하는 내 친구는 퇴직하기 4~5년 전부터 숲 해설사 교육을 받고 숲 해설사로 멋지게 제2의 인생을 살았고 지금도 서울 미술관 전시물 해설사로 일하고 있다. 몇몇 다른 친구들도 퇴직하고 늦은 나이지만 일을 놓지 않고 열심히 인생 2막을 살고 있다. 돈 때문만은 아니다. 일을 할 수 있을 만큼 건강이 있고, 아침마다 출근하고 저녁이면 퇴근하는 그 일상에서 즐거움과 기쁨을 느낄 수 있기 때문이다.

퇴직 후 무엇을 할 것인가에 대하여 항상 고민하던 어느 날 부천 중동역 앞 건물에 요양보호사 양성 교육이라는 간판이 눈에 들어왔다. 무엇을 하는 곳인가 들어가서 설명을 들어보니 이론 교육을 한 달간 받고 현장실습도 10일간 나가고 시험을 보고 요양보호사 자격증을 취득하면 취직을 할 수 있다는 것이다. 퇴직해야 가능한 시간대라서 설명만 듣고 그냥 나오려는데 원장이 붙잡았다. 새로운 것을 배운다는 것에 흥미를 느껴 40만 원을 내고 등록했다.

정년퇴직하고 3월 한 달간 이론 교육을 받고 10일간의 현장실습도 마쳤다. 그해 여름에 국가고시 요양보호사 자격증 획득을 위한 시험을 쳤다. 함께 공부한 교육생들이 30여 명 되었다. 시험장에 온 사람들을 수백 명이나 되었다. 시험 합격자 발표하는 날 떨려서 검색할 수 없었다. 교장까지 한 내가 떨어지면 창피하고 부끄러워 몸 둘 바를 모를 것 같아서다.

"따르릉, 따르릉" 전화벨이 울렸다. "선생님은 합격이래요. 축하합니다."라는 동료 교육생의 전화였다. 알려주어서 감사했다. "선생님 저는 떨어졌어요." 하면서 아쉬워했다. 교육생 중 절반 정도가 불합격이란다. 지금 난 그 자격증으로 한의원 실장으로 근무하면서 인생 2막을 살고 있다. 일이 있어서 즐겁고 행복하다. 내 인생을 사랑한다.

네 번째, 교사로서 아이들에게 철저히 진로 교육을 하지 못한 것이다. 우리나라 초, 중, 고 교육 중 경제, 금융, 진로 교육이 취약하다. 졸업 후에도 직업을 갖지 못하고 방황하는 경향이 심하다. 그러니 자기 진로에 대하여 진지하게 생각하고 고민할 기회를 충분히 주어야 한다. 교사들은 아이들에게 철저한 진로 교육을 꼭 해 주어야 할 필요가 있다.

다섯 번째, 젊어서부터 미리미리 관리하고 챙겨야 할 것이 있다. 어느 날 전국 여자 교장 연수생들이 청와대 방문을 하려고 버스 여러 대에서 우르르 내린 적이 있다. 그것을 본 학생들이 지나가다가 "웬 할머니들이 이렇게나 많이 내리냐?" 하면서 놀라는 것이다.

우리보고 할머니란다. 우린 절대로 할머니라고 생각한 적이 없는데 말이다. 멋진 전문직 여성이고 최고의 지식인이라고 자부하는데. 할머니라니! 학생들 눈에는 그렇게 보였나 보다. 난 나이가 들어도 그런 소리를 듣지 않으려고 평소 얼굴 피부에 많은 관심을 가지고 관리해 왔다. 주름살 없는 매끄럽고 고운 얼굴 피부는 하루아침에 이루어지는 것이 아니기 때문이다. 열일곱 열여덟 젊었을 때부터 꾸준히 관리해 주어야 한다.

지금 나는 내 또래보다 엄청 젊어 보인다는 이야기를 많이 듣는다. 친구들에게 그 비법을 가르쳐 주면 "아이 난 귀찮아 못 해.", "어떻게 그렇게 하냐.", "못 해 못 해.", "몰라 몰라." 이런 소리나 하니 안타깝다. "얘들아! 싫어도 귀찮아도 그래도 해야 한단다. 지금부터라도 꼭 관리를 해서 10년~20년 젊어지기 바란다." 그 비법을 소개하겠다. 기대할 만하다.

첫째, 18살부터 달걀노른자로 주 1회 팩하기. 둘째, 뜯어내는 팩을 주 1회 하기, 비싼 것을 살 필요가 없다. 뜯어내면 버리는 것이니까! 셋째, 오이 팩하기. 넷째, 마스크 팩하기. 다섯째, 필 오브 마스크 팩과 겔 마스크 팩을 구해서 하기. 이 중에 1~2가지를 정하여 꾸준히 하면 주름 개선에 많은 도움이 된다. 피부가 매끄럽고 윤이나고 예뻐졌다는 이야기를 많이 듣게 된다.

마지막으로 제일 중요한 꿀팁이 하나 더. 즉, 달걀노른자 1개, 꿀 1큰술, 밀가루 1큰술, 콜라겐 1큰술. 이 네 가지를 골고루 잘 섞어서 냉장고에 하루 숙성한 다음 바른다. 내 얼굴에는 잔주름이 별로 없다.

그러나 가는 세월을 잡을 수가 없어 안타깝다. 요즘 등교하는 여학생들의 얼굴을 보면 뽀얗게 화장하고 루주까지 바른다. 피부를 제대로 관리하지 않은 상태에서 파운데이션을 바르면 얼굴이 상한다. 어린 나이에는 좋은 크림 하나 정도 바르고 성인이 되어 올바른 화장법을 배운 다음 화장을 해야 한다.

긴 세월을 살아온 인생 선배로서 후회되는 일이 있어서 몇 자 적었으니 잘 읽고 명심하기 바란다. 직장 생활 기록물 남기기, 매일 일기 쓰기, 인생 2막을 미리 생각하고 준비하기, 피부 관리하기, 건강은 건강할 때 지키기. 이 다섯 가지를 마음에 새기고 실천하길 바란다. 삶을 돌아보면 언제나 짧고 지나가 보면 순간이었다. 앞으로 남은 날들은 모범이 되는 어른으로 살기 위해 스스로에게 부끄럽지 않게, 오늘도 성실하게 살아가고자 다짐한다.

이혜숙

 전하고 싶은 한마디 : 인생 설계나 계획은 미리미리 준비해야 한다.

어른 공부는 단순히 지식을 쌓는 일이 아니다. 삶을 더 깊고 넓게 바라보게 하고, 배움과 나눔이 이어지는 선순환 속에서 비로소 빛을 발한다. 오늘도 나는 그 길 위에서 뚜벅뚜벅 걸어가고 있다. 그 길 끝에서, 또 다른 배움이 나를 기다리고 있을 것이다.

「배움과 나눔, 어른 공부의 가치」 중에서

EPISODE 2
흔들림의 끝에서 배우다

새벽

어둠이
햇살에 눈을 뜨면

새벽은
맑은 거울이 되어

나를
일으켜 세운다

사진, 홀 정명자

눈 맞춤

깊고

단단한 시선

성장의 힘이며

존재의 빛이다

사진, 글 정경자

옛 향기

코끝에

스치는 향기

너도 크고

나도 자라던

뒤뜰

엄마의 텃밭

사진, 글 정경자

여름은

낮선

찬 바람에

등 떠밀려

간다

바스락

바스락

치맛자락

소리

사진, 글 정경자

쉼

부서진 모래알처럼

가득 찬 머리

쏟아내고

비울 곳 찾아서

사진, 글 정경자

여행은

뾰족하게

날 선 마음

마음 풀고

돌아오는 길

사진, 글 정경자

균형

물 한 방울이 메마른 땅에

단비가 내려주길 바란다

강바닥과 논밭은

고열에 지쳐 몸살을 앓고,

마른나무 장작 패듯

쩍쩍 갈라지는 소리에

애가 타 발을 동동 구르는 곳이 있는가 하면,

어느 엄한 지역에서는

물난리로 아우성친다

가뭄에 시달리는 땅엔
땡볕과 무더위가 기승을 부리고,

9월 초,
창밖으로는 장대비가
앞이 보이지 않을 정도로 쏟아진다

넘쳐나는 것들과
부족한 것들
서로 상충하며,

날씨뿐 아니라
사람 살아가는 일상에도
균형이 깃들어
조화로운 세상이 되기를 바란다
(오후 다섯 시 생각)

사진, 글 정경자

길 위에서

길 잃어도

두렵지 않았다

정해진 길은

처음부터 없었기에

발길 닿는 대로

걷다 보니

어느새

이 길 위에

서 있다

사진, 글 정경자

대화

창문 넘어

따스한 햇살

수고했어

고마워

포근히 스며드는

마음의 온도

사진, 글 정경자

은빛 작은 물고기

새끼손가락만 한
은빛 작은 물고기

반짝이는 시냇물 따라
유유히 흘러갔지

강물 거슬러 오르며
세상을 향해 달렸고

두 날개 힘껏 펴고
은빛 유영을 했지

이제는 넓은 바다를
당당히 가로지르는
작은 물고기

사진, 글 정경자

부재중

지워지지 않는 번호

지울 수 없는 연락처

그리움에 다시

걸어봐도

들리는 건 오직

영원한 부재중

사진, 글 정경자

마음의 범람

멈춰 서지 못한 채

봇물 터져

흐른다

때를 가리지 않고

넘쳐흐르는

마음의

홍수

사진, 글 정경자

새살

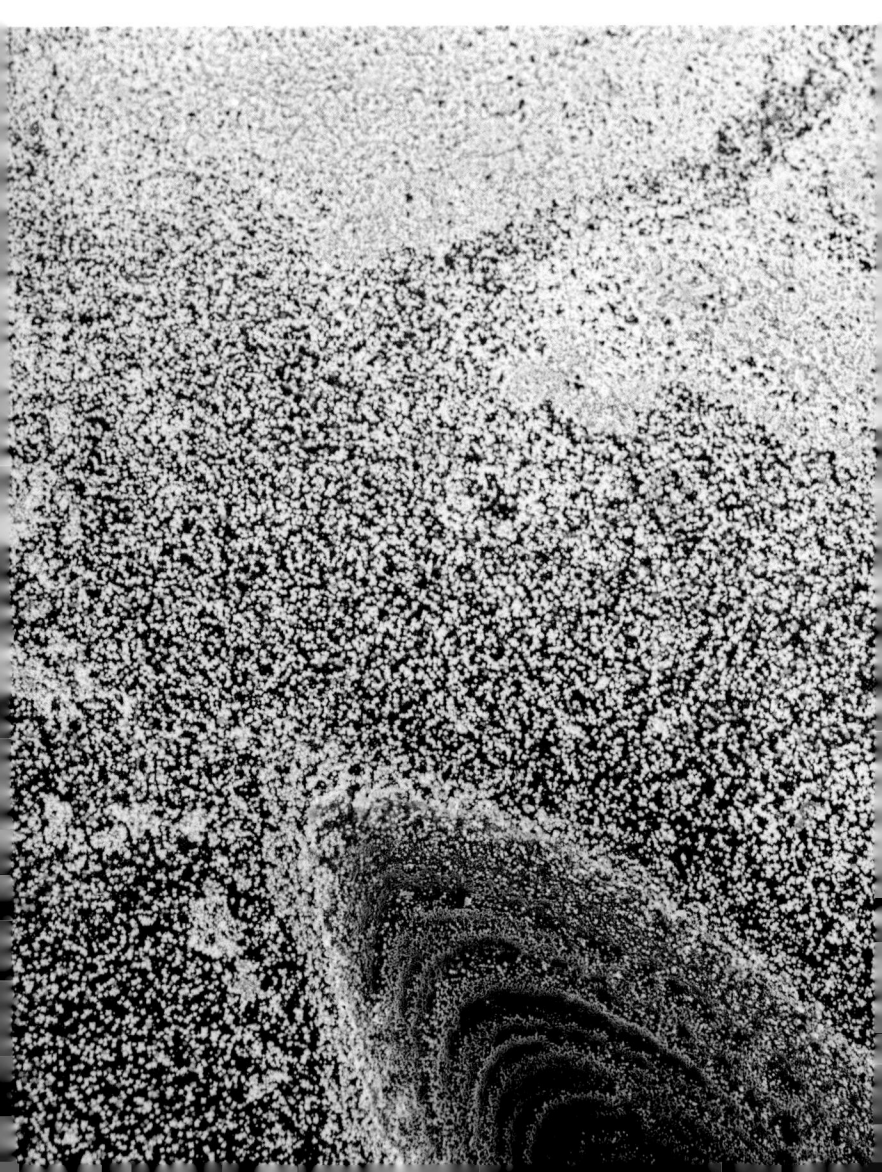

깊지 않았다

생각만큼은

깊이 차오른

새살

사진, 글 정경자

대청소

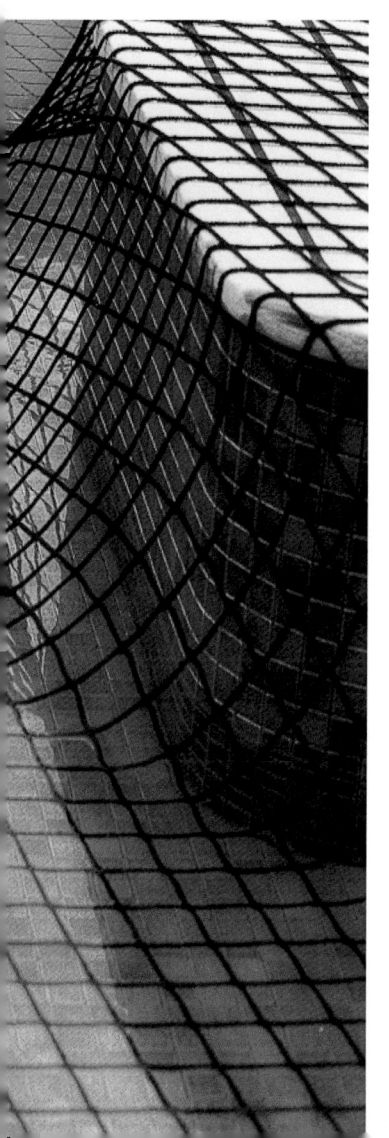

햇살 아래
빗장 열어

비우고
거르며

쓸고
닦는다

사진, 글 정경자

파스를 붙이며

몸은

천근만근 짐을 진 듯

무거워도

마음은

새처럼

가볍게

날아오른 날

사진, 글 정경자

힘

끌어 올리고

올려도

솟아나는

샘물처럼

어둠을 밝히는

경이로운 힘

사진, 글 정경자

삶

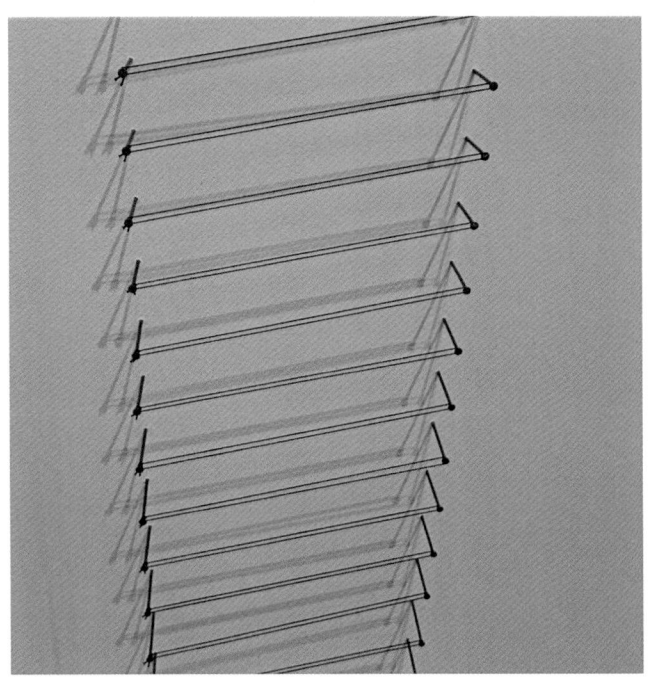

앞으로

뒤로

물러설 수 없는

길

사진, 글 정경자

목마름

빛을 보고
빛을 향해

달려가는
빛을 쫓는 그림자

사진, 글 정경자

찰칵

삶은

건조하고

고독한 날들만은

아니었다고

찰칵

경쾌한 소리를

낸다

사진, 글 정경자

흔들면 깨어나는 새로운 나

무언가를 너무 깊이 믿은 나머지, 다른 선택을 시도조차 하지 않은 적. 있으시죠?

저는 스스로를 저녁형 인간이라고 철저하게 믿었습니다. 그만큼, 저녁형 인간으로서의 삶을 사랑했습니다. 친구들과의 맛집 방문, 나를 위한 운동 혹은 수련, 그리고 큰 마음 먹고 가는 뮤지컬이나 명사의 강연 등 색다른 경험이 가져다주는 모든 즐거움은 저녁에 있었으니까요. 9시부터 6시까지 회사에 매여있는 평범한 회사원인만큼 낮은 회사와 타인에 의해 좌우되지만, 밤은 내가 온전히 즐길 수 있는 주인이 되는 것 같은 느낌이 있었습니다. 오로지 나의 선택으로 나의 하루를 마무리하는 느낌에 사로잡혀 있었기에 저의 믿음은 과했습니다. '아침형 인간과 저녁형 인간의 유일한 차이점은 일찍 일어나는 사람들이 단지 지나치게 우쭐댄다는 정도'라는 인터넷의 밈에 극도로 동의할 정도로요.

그러나 그 믿음이 깨진 건, 정말 사소한 이벤트 하나였습니다.

2024년 2월. 아시안컵 8강전 한국 대 호주의 경기가 있었습니다. 자다가 일어나서 경기를 응원하면서 '내가 이 정도로 축구를 좋아한다고?' 싶었습니다. 솔직히 지금 생각하면 왜 그 경기를 보게 되었는지도 가물가물한데 말입니다. 무언가 될 듯 되지 않는 전반전이 아쉬워 후반전을 보았고, 이대로 끝났다 싶은 경기 종료 직전 동점이 되었기에 '못 먹어도 고!'의 심정으로 연장전까지 보기로 했습니다.

종료 직전 동점이라니, 드라마보다 더 극적인 경기 덕분에 도파민은 과다분출된 상태였는데요. 연장전에서 기대하지 않았고 생각도 못했던 한국의 프리 킥이 그대로 골이 되며 아드레날린이 이 이상 분출될 수 없었습니다. 한국의 역전! 오바 조금 보태자면 심지어 그냥 역전도 아닌, 대역전 서사극! 2002년 월드컵때와는 룰이 달라진 탓에 연장전에서 골든 골이 들어갔다고 해서 바로 경기가 종료되지 않아 30분가량을 더 응원하고서야 대한민국이 아시안컵 4강에 올라가는 모습을 보았습니다. 와! 진출했다!

졸린 눈을 비비며 120분을 응원한 끝에 맞이한 한국의 승리. "이제 됐다."는 환호는 "이제 자자."는 다독임으로 바뀌었습니다. 내일은 내일의 해가 뜰 예정이고, 다시 바쁘게 돌아갈 테니까요. 어릴적부터 베개에 머리만 대면 쉽게 잠드는 저였기에, 아무 의심없이 침대에 누웠습니다.

그런데, 예상치 못한 일이 발생합니다. 잠이 오지 않았습니다.

뒤척이고, 이불을 차고, 억지로 눈을 감아도 심장 박동수가 줄어들지 않았습니다. 이게 무슨 일이지? 불면을 경험한 적이 없었기에 어찌해야 할지를 몰라 허둥대다, 결국 포기했습니다. 가족들은 깊이 잠들어 있었고, 그 날따라 유독 조용하고 차분한 새벽, 나는 잠들지 못했지만, 가족들은 푹 자기를 바라는 마음으로 침실에서 나왔습니다. 새벽이니 설거지나 청소를 하며 시끄럽게 굴수도 없고 그렇다고 집 밖으로 나가기도 마땅치 않았습니다. 그렇다고 의미없이 컴퓨터를 하다가 잠을 완전히 깨고 싶지도 않았습니다. 잠시 고민하다가,

너무 어려워 몇 번을 포기했던 책을 집어들었습니다. 『하드리아누스 황제의 회상록 1』 사실, 책을 읽으려는 마음보다는 어렵게 느꼈던 책이니 읽다가 졸려서 잠들지 않을까 하는 기대였습니다. 부끄럽지만 실제로 그런 적이 있으니까요. 그렇게 책장을 몇 장 넘기기 시작했는데 피곤하기는커녕, 어라? 어렵게 느껴졌던 책이 재미있었습니다. 마치 알라딘의 팅커벨이 뾰로롱 나타나서 책에 마법의 가루를 뿌려준 것처럼요. 처음 시도한 책도 아닌데 어떤 포인트를 이미 지나간건지 책의 언어와 제 뇌가 특별한 방식으로 이어진 듯했습니다. 그렇게 저는 몇 번을 포기했던 책을 완독합니다. 그것도 아무 기대하지 않았던 새벽에요.

그 날 저는 한번도 시도조차 하지 않았던 영역으로 성큼 들어갔습니다. 새벽형 인간으로 삶의 방식을 재편한 것이지요.

새벽형 인간으로의 탈바꿈

이제 저는, 아무도 시키지 않았지만 새벽에 일어나 먼저 다이어리에 기분과 컨디션을 적습니다. 놀랍게도 이 메모는 하루에 엄청난 영향력을 행사하는데요. 우선 내가 '절제'해서 아침 일찍 일어난 것에 대한 뿌듯함과 상쾌함을 얻고요. 이 기분은 오늘 혹은 이번 주의 일정 정리 및 시뮬레이션에 도움이 됩니다. 이어 독서를 하거나 러닝화를 신고 밖으로 나가 뛰기도 합니다. 사실 밤에 하던 독서와 운동이 그대로이고, 행동하는 시간이 바뀐 것뿐인데. 뭐가 바뀌었을까요?

놀랍게도 많은 것이 바뀌었습니다. 변화는 단순히 '시간대의 이동'이 아니었습니다. 저녁에 하던 독서와 운동이 나쁘진 않았지만, 가끔 다음날이 망가지기도 했는데요. 그런 일이 더는 일어나지 않게 된 것이지요. 새벽 러닝은 잠에서 막 깨어난 몸을 서서히 달궈주어, 스스로 하루를 준비하며 점점 업그레이드되는 듯한 기분을 맛보게 했습니다. 게다가 이른 새벽에 나가보면 이미 뛰고 있는 사람들이 있었고, 나 역시 이제 새벽을 활용하는 부지런해진 사람들 중 하나라는 사실에 뿌듯함을 느꼈습니다.

그리고 깨달았습니다. 나로 살아온 지 40년 가까이 되었지만, 여전히 나조차도 나 자신을 온전히 알지 못했다는 사실을요. 어쩌면 '나는 이런 사람이다.'라는 확신이 오히려 나를 가두고, 어쩌면 나와 더 잘 맞는 다른 선택지를 시도조차 하지 못하게 했던 건 아닐까요?

이제 저는 '저녁형 인간'이 아니라 '적당한 새벽형 인간'으로 살아가고 있습니다. 새벽에는, 어렵다고만 여겼던 책이 새벽에는 즐겁게 읽히고, 운동은 나를 차오르게 만들기 때문입니다. 삶의 리듬이 바뀌었을 뿐인데, 제 하루는 훨씬 단단해지고 풍요로워졌습니다.

결국 나 자신을 규정하는 믿음을 조금 흔들어보면, 예상하지 못했던 새로운 나를 만날 수도 있습니다. 새로운 가능성을 위해, 아주 조금만 다른 선택을 해보는 것으로도 충분히 다른 결과를 맞이할 수 있으니까요. 우리에게 필요한 건 '나는 원래 그래.'라는 고정관념이 아니라, 살짝 비틀린 믿음 사이로 흘러나오는 새로운 나의 모습과 그것이 가져다주는 또 다른 삶이 나를 더 행복하게 할 수도 있다는 깨달음인 것 같습니다.

조유진

반짝이지 않아도, 달린다

러닝이 인기입니다. 인기에 편승하려던 건 아니었지만, 나이의 앞자리가 바뀌기 전 새로운 것에 도전하고 싶었습니다. 꾸준히 트레이드 밀을 달린 지난 1년을 비료삼아 마라톤을 신청했습니다. 2025년 8월 15일, 광복 80주년 기념 8.15 마라톤. 저의 인생의 첫 마라톤은 나에게 해가 될지, 득이 될지 궁금했습니다.

그러나 마라톤을 준비하던 저의 작전은 '꾸준히'에서 '벼락치기'로 바뀌었습니다. 회사에서 빌런을 만난 이후, 마음 챙김의 과정에서 가장 먼저 새벽 러닝을 포기했기 때문이었는데요. 마라톤이 일주일도 남지 않은 시점. 더 이상 미룰 수 없었습니다. 마음이 급해지자 일요일을 시작으로 월요일, 화요일까지 매일 5km를 뛰었고, 수요일과 목요일은 요가로 몸을 풀어주었습니다. 이 작전이 통할지는 마라톤 당일이 되어야 아는, 그러니까 도박이었습니다.

마라톤 당일. 몸이 피곤하지 않은 것을 다행으로 생각하며 가족과 함께 월드컵 경기장 평화광장에 도착했습니다. 배번호를 찬 엄마의 모습을 처음 본 아이들은, 마라톤이 어떤 것인지 아직 잘 모르기 때문에 "엄마, 달리기 1등해야 해!"라고 응원해주었습니다. 마라톤 참석이 처음이었던 저도 어안이 벙벙하기는 마찬가지였습니다. 모여서 시간이 되면 바로 출발하는 것인 줄 알았는데 그보다는 식전 행사가 많았고, 가족들과 사진 찍을 시간도 꽤 길었습니다. 가수 소향 님과 션 님의 무대까지 즐겁게 보고 난 뒤에야 결전의 시간이 되었습니다. 마라톤에서 기록을 노리는 A조와 편안한 러닝의 B조로 출발이 나뉜다는 설명에 저는 주저하지 않고 B조로 향했습니다. 출발 직전의 설렘. 얼마만이었던지요.

그러나 시작은 기대만큼 아름답지 않았습니다. 주로는 생각보다 좁았고, 많은 사람들과 함께 출발하다보니 러닝이 아니라 조깅, 그것도 슬로우 조깅이 되었습니다. 사람 간 간격도 빽빽했습니다. 나는 혼자 마음껏 공간을 누리는 달리기를 좋아했던 걸까? 그렇다면 오늘의 선택은 잘못이었나? 살짝 후회가 밀려왔지만, 사람들 사이를 비집고 나아가는 앞지르기를 시도했습니다.

러닝을 시작하며 읽었던 『달리기를 말할 때 내가 하고 싶은 말』의 저자 무라카미 하루키의 '적어도 걷지는 않았다'는 말이 떠올랐습니다. '슬로우 러닝도 러닝이니 그냥 이대로 달려보면 어떨까?' 싶은 유혹도 있었습니다. 그러나, 저는 '러닝'을 하고 싶었습니다. "차라리 A조에 들어가 꼴찌를 할 걸?"이라는 생각이 들기도 했습니다. 물론 그 마음은 2~3km 지점에서 사라졌습니다. 이미 반환점을 돌아오는 러너들을 마주치면서, 그들과는 감히 같은 선상에 설 수는 없다는 것을 깨달았기 때문입니다.

2km가 넘어가자 슬슬 걷는 사람들이 보였습니다. 앞사람이 언제 갑자기 걸을지 몰라 안전거리를 확보하며 페이스를 조절하는 게 꽤 힘들었습니다. 그래서 편법을 썼는데요. 바로, '랜덤 페이서'를 정해 그의 뒤를 따르는 것이었습니다. 나보다 조금 빠른 속도로 사람들 사이를 잘 누비고 다니는 러너를 골라 조용히 따라붙었습니다. 물론, 공식적인 일행이 아니

라 저의 페이서는 몇 번 바뀌긴 했습니다. 그래도 그분들 덕분에 저는 조금씩 저의 스피드를 찾았습니다.

3km를 조금 지난 지점, 첫 '사상자'를 보았습니다. 팔이 꺾인 채 가장자리에 주저앉은 남자. 안타까움을 삼키고 정면을 바라봤습니다. 아직은 견딜만한지 고개는 숙여지지 않았고, 속도도 마음에 들었습니다.

4km를 넘어 반환점을 돌며 "거봐, 할 수 있어."라는 자신감이 올라왔습니다. 여유롭게 반환 영상도 찍었습니다. 30대의 마무리를 위해 선택한 첫 마라톤이 성공적일 것 같다는 생각이 들기 시작했습니다. 10년이라는 기간을 대략 한 시간짜리 달리기로 퉁치려는 얍삽함도 모른 체해 볼 수 있을 것 같았습니다. 아직까지 걷지 않았으니까요.

그리고 5km. 느낌이 왔습니다. 더 이상 사진과 영상을 찍을 수 없겠구나…. 이제 잡생각도 금지. 달리기에만 집중하기로 했습니다. 언제든 걷고 싶어질테고, 그 유혹에 내가 넘어갈지도 모르니까요.

6km. 욕심이 불쑥 올라왔습니다. 피니시 라인 근처에 아이들이 있었으면 좋겠다는 생각. 남편에게 급히 문자를 보냈습니다. "이키로 남으메."(2km 남음) 내가 뛰는 모습을 본 아

이들이 엄마를 얼마나 멋지게 봐줄까. 얍삽함이 고새 업그레이드 되어 한 시간의 달리기로 저는 '멋진 엄마' 타이틀까지 거머쥐고 싶었습니다.

7km. "이제 다리가 무거워진다."는 투정이 곳곳에서 들려왔습니다. 저도 그랬습니다. 그러나 슬플 시간도 없었습니다. 원래 목표로 삼았던 한 시간 이내, 걷지 않고 완주가 코앞이었습니다.

스태프들의 "거의 다 왔어요!"는 온탕을 가리키며 "하나도 안 뜨겁다."는 할머니의 말만큼이나 믿기 어렵다는 걸 알면서도, 그 말을 믿고 싶어 다리에 자꾸 힘이 풀렸습니다. 물론 알고 있습니다. 그들의 잘못은 아니고, 그냥 제가 지친 것이라는 것을요. 정말 거의 다 온 것 같은데, 스피드를 더 올릴 수는 없는 기계적인 다리 움직임이 이어졌습니다. 그 와중에도 풀파워로 질주하는 사람들을 볼 때마다 속으로 말했습니다. You win.

마침내 피니시 라인이 보였습니다. 양옆을 분주히 훑으며 익숙한 얼굴을 찾았지만 발견하지 못했습니다. 다리의 기계적인 리듬을 멈추지 못해, 피니시 순간의 영상도 사진도 남기지 못했지만, 성공이라는 감정이 모든 것을 상쇄해주었습니다.

인생 첫 마라톤 완주

풀도, 하프도, 10K도 아닌 어중간한, 그러나 의미는 가득한 8.15km의 마라톤. 한 시간 이내, 다치지 않기, 그리고 무엇보다 '걷지 않기'라는 목표를 달성한 뒤 되돌아보았습니다. 내가 이 마라톤으로 정말 얻고 싶었던 것은 무엇이었을까.

'하면 된다'고, '해보자'고 말하는 저에게는 사실 '정말 하면 될까?', '해볼까?'라는 스스로에 대한 의심이 있었습니다. 더 이상 어리지 않은 나이. 노화가 시작된 신체. MZ라는 세대로 묶여있지만 그 변두리 어딘가에 '아줌마'라는 이름으로 자리잡고 있는 나의 존재는 예전만큼 반짝거리는 것 같지 않았습니다. '반짝이지 않아도 괜찮아!'라는 말에 스스로 속지 못하고 있었습니다. 괜찮지 않았습니다. 나는 나를 사랑하는데, 그것이 부끄럽지 않도록 뭐라도 하고 싶었습니다.

그래서 달렸습니다. 멈추고 싶을 때마다 스스로에게 "괜찮아."라고 속삭인 것은 "넌 할 수 있어, 내가 그걸 알아."라는 스스로를 향한 응원이었습니다. 속도는 느려도, 기록은 미미해도, 달리는 동안 만큼은 나를 잃지 않았습니다. 다리는 여전히 앞으로 나아갔고, 심장은 뜨겁게 뛰었습니다.

어른이 된다는 것은 책임을 짊어지고 타협을 배우는 일이라 했지만, 그 속에서도 '나'라는 존재를 끝내 놓치고 싶지 않았습니다. 이는 내 삶이 여전히 나답게 빛나도록 하기 위한 끈질긴 애씀입니다.

알고 있습니다. 앞으로 더 자주 지치고, 더 쉽게 흔들리겠지요. 그러나 그럴수록 더 배우고, 더 노력하고, 더 달려보려 합니다. 나를 잃지 않기 위해, 나를 사랑한다는 사실이 부끄럽지 않기 위해. 그것이 저를 지켜주는 힘이 되고, 나를 살게 하는 이유가 될 것이라 믿으면서요.

조유진

이효리가 요가원을 연다고?

필라테스, SNPE, 바레, 심지어 러닝까지. 몸을 단련하는 다양한 운동이 유행하며 요가의 자리가 예전보다 살짝 줄어들어든 것 같은 시기. 시대의 아이콘 이효리 님이 서울에 요가원을 오픈한다는 소식이 전해졌습니다. 사람들은 저마다 한마디씩 의견을 보탰고, 그보다 더 많은 사람들이 원데이 클래스 수강권을 향해 돌진하였습니다.

그 전쟁에서 패해 이효리 님의 요가 수업을 들을 수 없다는 것이 아쉽기는 했는데요. 사람이 줄어가는 요가원의 강사인 저는, 그럼에도 불구하고 저는 이효리 님이 요가원을 열었다는 사실이 진심으로 좋았습니다. 제가 사랑하는 요가가 다시금 세상의 주목을 받고, 활기를 되찾는 순간을 마주한 것 같았기 때문입니다.

사실 저 역시 유목민처럼 여러 운동을 오가다 요가에 정착하게 된지는 오래 되지 않았습니다. 아이 둘을 낳고 자의 반 타의 반으로 프리랜서가 되어 안정적이지 못한 삶을 살게 되었는데요. 프리랜서는 시간을 자유롭게 쓸 수 있다는 장점만큼, 통장 잔고도 자유롭게 이동한다는 걸 미처 알지 못했기에 매달, 아니 매일의 기분이 크게 출렁였습니다.

스스로 다스리지 못한 기분의 변화는 몸과 마음의 컨디션을 들쑥날쑥하게 만들었고, 결과적으로는 가정의 평화에도 크게 영향을 미쳤습니다. 변화가 필요했습니다.

여러 운동을 시도하던 중, 스포츠센터의 요가 수업을 듣게 되었습니다. 집에서 도보거리에 있었기에 시간을 절약할 수 있었던 탓입니다. 아이들을 등원시키고 난 뒤 가벼운 마음으로 들러 한 시간 가량 몸을 움직이고 나면 상쾌하면서도, 집에 가서 꼭 충전을 해야 했습니다. 어디가서도 체력으로 뒤지지 않는 사람이었는데, 땀이 뻘뻘 나도록 운동을 한 것도 아닌데 '피곤하고 심지어 자야 하는 날도 있다고?'

변한 내 모습이 나약해보여 어느 날은 속상하기도 했습니다. 그래서 더 이를 악물고 운동했습니다. 아이를 낳기 전으로 되돌아가자는 목표는 아니었지만, 어느 순간 더 이상 수업이 끝나고 난 뒤 지치지 않았습니다. 이때다! 조금 더 본격적으로 요가를 시작해 봐도 괜찮겠다는 생각이 들어 근처 전문 요가원의 수업을 듣기 시작하였습니다.

사실 아이를 낳기 전에 한참 요가를 열심히 할 때, 머리 서기를 하고 싶어 열심히 수련했던 기억이 돌아온 탓도 있었습니다. 그러나, 그렇게 다시 요가원으로 돌아갈 때까지도 몰랐습니다. 몇 년 지나지 않아 요가 강사가 되어 사람들 앞에 서서 요가를 안내하는 삶을 살게 될 줄은요.

스포츠센터의 요가 수업도 충분히 좋았으나, 요가만을 다루는 요가원에서의 하루 하루는 저를 다시 빛나게 해 주었습니다. 하지 못했던 자세(요가에서는 '아사나'라고 부릅니다)가 되면 신나기도 했고, 요가의 꽃이라는 머리 서기를 성공하면 '비싼 요가복을 나에게 선물해야지!'라는 목표를 잡고 다시 노력하기도 하였습니다.

나를 키워준 요가

어제와 다른 나, 지난 달과 다른 나를 만나는 느낌은 게임 속 캐릭터를 업그레이드 하는 느낌이었습니다. 아이들만 키우고 있는 것이 아니라 나도 키우고 있는 느낌. 그렇게 요가는 일상의 활력이 되었습니다.

그러다가 요가 TTC의 존재를 알게 되었습니다. TTC는 Teacher Training Course의 약자로, 일정 시간동안 수업을 듣고 난 뒤 요가 강사 자격증을 받게 되는 일종의 교육 프로그램 같은 것이었습니다. 세 달 동안 주말을 반납해야 하는 일정이었고, 가격도 만만치 않았습니다. 그 시간과 돈으로 할 수 있는 것들을 저울에 두고 고민하던 중, 한 번 해 보라는 남편의 응원이 등떠밀어 주었습니다.

그렇게 3개월 간의 긴 여정이 시작되었습니다. 저는 교육 첫 날 자신있게 말했습니다. "요가 강사가 되고 싶은 건 아니고, 요가가 너무 좋아서 잘 알고 싶어서 등록했어요." 진심이었는데, 그 마음이 바뀌는 데에는 오랜 시간이 걸리지 않았습니다. 첫 달이 끝나기도 전 "어떻게 하면 요가 강사가 되나요?" 라는 질문을 하고 있었으니까요.

바뀐 진심은 진하게 통했습니다. 요가 강사 자격증을 따고 세 달 후, '키즈 북 요가'라는 이름으로 첫 오픈 클래스를 열었습니다. 아이들에게 책을 읽어주며 요가를 가르치는 수업으로 구성했는데, 아이 키우는 엄마의 입장에서 아이가 책도 읽고 운동도 하였으면 좋겠다는 마음으로 만든 수업이었습니다.

갑작스럽게 지정되었던 임시공휴일이라 예상보다 많은 15명의 어린이들이 참여하여 『욕심 많은 개』를 읽으며 함께 이런 저런 포즈를 취했습니다. 어색함을 깨지 못해 친해지지 못한 아이들도 있었고, 짧은 시간임에도 재미있다고 눈을 반짝거린 아이도 있었습니다.

아쉬움도 있었지만 저는 행복했습니다. '이게 요가를 통해 나눌 수 있는 즐거움이구나.'를 깨달았습니다. 그렇게 벅찬 마음으로 같은 해 11월부터는 성인을 대상으로 하는 정규 요가 수업을 맡았습니다.

그러니까 저는 이제 약 1년 정도 요가를 안내한 새내기 요가 강사입니다. 그러나 그 사이에 선배 요가강사들의 워크샵을 매달 듣고, 주말을 반납하고 새로운 교육을 들어 요가 강사 자격증을 더 땄습니다. 하면 할수록 더 잘하고 싶고, 알면

알수록 회원님에게 나은 처방을 내리는 것 같아서 배움을 멈출 수가 없었습니다.

모두에게 요가가 정답은 아닐 수 있겠지만, 적어도 제가 안내하는 사람에게는 요가가 의미 있었으면 하는 욕심은 저를 가만두지 않았습니다.

감히 슈퍼스타 이효리 님의 삶을 다 안다고 말할 수는 없습니다. 어쩌면 알고 싶지 않기도 합니다. 아이코닉한 그녀는 누구도 대적할 수 없는 위치에서조차 "이효리 비켜!"라는 말을 들어야 했습니다. 그 심경을 평범한 제가 이해하기란 어려운 일입니다.

그러나 화려한 무대를 내려놓고 제주에서 유기견, 유기묘들과 함께 살며 선택한 요가의 삶, 그리고 그것을 꾸준히 이어온 힘의 근원은 조금 알 것 같기도 합니다. 요가는 단순히 몸을 유연하게 만들고 근육을 단련하는 운동이 아니니까요. 마음을 다스리고, 내 삶의 균형을 바로 세우는 방법이었습니다.

그래서 이효리 님의 요가원 오픈 소식은 요가를 사랑하는 사람들에게는 큰 울림이 되었을 것이라 감히 생각해봅니다. 이제 막 요가 강사의 길을 걷기 시작한 저조차도 요가를 처음

만났던 순간을 떠올렸으니까요. 내 몸 하나 바로 세우는 것에서 시작했지만 결국은 내 삶 전체를 돌아보게 만든 경험을 되짚어 볼 정도로 요가는 그렇게 조용히, 그러나 깊게 삶을 바꿔주니까요.

오랜 기간 요가를 수련해온 사람들의 선택과 실천은 저 같은 초보 강사에게 큰 영감이 됩니다. 긴 세월 이어져온 요가는 시간이 지나도 그 쓰임새를 증명할 것이고, 앞으로도 사람들의 삶과 태도에 큰 도움을 줄 것이니까요. 저보다 조금 더 오랜 시간 수련한 분들의 지혜를 배우는 마음으로 오늘도 되새어 봅니다. 나마스테.

조유진

돌 아기와 런던에서 한 달을?

유행과 타이밍이 맞지 않는 사람이었습니다. SNS 곳곳을 빛내는 브라이덜 샤워가 유행하기 전 결혼했고, 한 달 살이가 유행하기 전에 한 달 휴가를 낼 수 없는 기업에 취직을 하고 임신을 했습니다. 타이밍이 맞지 않는 건 인연이 아닌거겠지. 그렇게 생각하던 제가 한 달 살이를 가겠다는 마음을 먹은 건 단순했습니다. 여행이 가고 싶어서. 한달 살이가 하고 싶어서. 더 현실적으로는 한 달 살기를 할 수 있는 때가 지금 뿐이라.

아이와 해외 한달 살이는 장기여행이었기에 집에서만 있어도 불안한 시기였던 신생아 시절에는 꿈도 못꿨습니다. 그

뒤로는 점점 사람이라고 주장하는 아기와 합을 맞추는 시간이며, 동시에 예방 접종의 향연이었습니다.

무엇보다 "돌 지나고는 아무거나 먹어도 된다."는 선배맘들의 이야기에는 귀가 번쩍 뜨였습니다. 누군가는 된장국에 밥을 말아먹이기도 하고, 누군가는 김만 주기도 한다니. 먹을 것에 대한 허들이 낮아지는 것만으로도 여행을 꿈꾸기에는 충분했습니다. 그래서 아이가 돌이 지나가기만을 기다렸습니다. 더 정확히는 아이의 돌이 지나고 제가 육아휴직이 끝나기 전의 시점을요.

취직한 후 두 번의 이직을 거쳤지만 그 사이 시간적인 여유는 전혀 없었습니다. 화요일에 아쉬운 얼굴로 퇴사하고 수요일에 긴장된 마음으로 입사했으니까요. 반면 남편도 결혼 후 두 번의 이직을 거쳤는데 한 번은 시간 조율이 되어 약 2주간 스페인에서 산티아고를 걷고 왔습니다. 휴가를 낼 수 없었던 저의 회사 일정으로 인해 함께 가지 못한 그 때를 두고 두고 부러워한 것을 잘 알았기에, 이런 저런 걱정을 뒤로한 채 남편은 저와 아이의 해외 한달 살이를 찬성하였습니다.

물론 둘만의 해외 살이는 너무 힘들 것이 뻔했기에 남편은 연차를 최대치로 끌어모으기로 하고, 남편이 런던에 머무를 수 없는 기간을 대비해 지원군을 모집했습니다. 그렇게 친정 엄마가 강제로 당첨되었습니다.

남편과 합의를 이루었겠다, 친정 엄마도 함께 가주겠다, 천군만마를 얻은 것만으로 한달 살이를 위한 제반이 마련되었습니다. 이제 한달 살이를 구체화하기 위해 장소를 정해야 했습니다. 가장 먼저 고려했던 건 비행기 직항 여부였는데요. 아무래도 아이와 함께 타는 비행기이다보니 갈아탈 여력은 없었습니다. 그간 모아 둔 마일리지로 업그레이드도 가능한 시점이었기에 동남아 국가를 살펴보던 눈이 점점 먼 곳으로 향했습니다. 사실 동남아는 돌 아기와 가기에는 위생이 조금 불안하다는 느낌이 있었고, 안전에도 조금 더 신경써야 할 것 같다는 부담감이 있었습니다. 바다 저 너머를 살피자 이탈리아와 프랑스는 언어가 통하지 않고 집시, 도둑 등의 문제가 크게 느껴졌습니다.

그제서야 언어 문제가 떠올랐습니다. 언어를 고려하기 시작하면서 한달 살이의 후보국이 미국, 영국, 독일, 호주로 추려졌습니다. 미국은 지역에 따라 편차는 있지만 워낙 넓은 나라라 차가 있어야 편하다는 말에 장롱운전 n년차의 리스트에서 바로 제외하였습니다. 호주는 1년간 공부했던 기억이 좋고 독일 역시 주변 국가로 쉽게 여행할 수 있는 장점으로 인해 끝까지 고민했지만, 결국 마음이 향하는 곳은 원래도 좋아하는 나라, 영국이었습니다.

왜 하필 런던?

런던은 이미 두 차례 여행을 다녀온 곳이었습니다. 셰익스피어의 나라이자 베이커 스트리트 221B에서 모자를 쓴 아저씨 둘을 만날 수 있는 곳이며 킹스크로스 3/4 정류장에서 카트를 밀면 호그와트로 갈 수 있는 곳. 그래서 만 스무살 첫 해외여행지이자 신혼여행 장소였던 곳이기도 합니다. 런던의 매력은 익히 알고 있고, 두번이나 다녀왔기에 큰 욕심 없이 지낼 수 있을 것 같아 합격점이었고요.

이제 문제는 육아하랴 돌잔치를 준비하랴 바쁜 와중에 한 달 살이도 함께 준비해야 하는 점이었습니다. 육아와 돌잔치에 비해 중요도가 떨어진 덕분에 준비라는 말 자체를 쓰기 민망할 정도로 한 달 살이에 임하는 자세는 어설펐습니다. 잘 먹고 건강한 체질의 아이가 영국 음식에도 잘 적응해주겠지 하는 낙관적 사고를 가지고, 숙소 선택에만 만전을 기했습니다다. 아이와 함께 다녀야하므로 교통이 편안하고, 걸어다닐 수 있는 거리 내에 병원이나 마트 등 편의시설이 있으며 터무니없이 비싸지 않은 곳을 찾고 찾다가 첼시의 한 호텔로 정했습니다. 매일 청소 서비스를 제공한다는 점도 '손이 좀 덜 가겠구나.' 싶은 생각에 한몫했습니다.

그렇게 아이와 도착한 런던. 호기롭게 준비하기는 했지만 사실 걱정 반 기대 반이었는데요. 막상 다시 찾은 런던은 혼자 찾았던 때와 다르지 않았습니다. 튜브도, 빨간 버스도 그대로인 듯한 풍경이 반가웠습니다. 게다가 걱정이 무색할 정도로, 아이와 함께 머무는 내내 저는 런던이 더 좋아졌습니다. 유모차를 끌고 길을 기다리기만 해도 차도 사람도 양보해주었고, 리프트가 없는 지하철 역을 오르내릴때면 누군가는 당연한 듯 도움의 손길을 내밀어주었습니다. 아이의 미숙함이 손가락질 받지 않는 나라, 아이라는 존재에 많은 배려를 해주는 나라라는 점을 처음으로 알게 되었습니다. 사실 처음엔 식당에서 친절히 응대해주실 때, '팁을 바라고 그러시나?' 라는 생각에 괜히 두둑하게 팁을 남겨야 할 것 같았는데요. 런던과의 오해가 풀린 건 박물관과 서점이었습니다. 사람들이 줄 서 있는 박물관들은 유모차를 보자마자 모세의 기적처럼 길을 만들어주었고, 아직 말도 제대로 못하는 아이와 향한 서점에서는 샘플 북이나 스티커를 챙겨주며 따뜻하게 맞아주었습니다. 혼자 왔을 때와는 또 다른 모습을 보여주는 런던을 더 사랑하게 된 건 당연한 일이었습니다.

아이를 낳고는 하루 하루가 긴장의 연속이었습니다. 아이가 밥을 잘 먹는지 잠을 잘 자는지 볼일을 잘 보는지에 따라 내 하루의 질은 크게 달라졌으니까요. 그렇게 나의 밥과 잠과 화장실을 아이의 컨디션에 맡긴 하루가 때로는 의미없고 길게 느껴지기도 했습니다. 어쩌면 회사 생활을 했을 때보다도 저는 더 지쳐있었던 것 같습니다. 그렇게 일상을 깨고 싶어서 무리수를 두어 런던으로 떠났던 건 아닐까 싶을 정도로요.

한달 간 마음이 풍선처럼 부풀어 올랐지만, 이제는 돌아가야 할 시간이었습니다. 한 달 살이를 마무리하는 마지막 날 밤, 문득 영화 「어바웃 타임」이 생각났습니다. 영국 영화였기 때문이었을까요, 좋아하는 영화이기 때문이었을까요, 아니면 늘 생각나는 마지막 장면 때문이었을까요. 영화 속 남자 주인공은 시간을 여행합니다. 과거로 돌아가 선택을 바꾸면 미래인 현재가 바뀌어 있는데 생각만큼 많은 것을 바꾸지 못합니다. 대망의 마지막 장면에는 같은 하루를 아주 통명하게도 살아보고, 그 다음에는 아주 상냥하게도 살아봅니다.

같은 일이 일어나는 날, 일어나는 일들을 다 바꿀 수는 없지만 나의 태도가 다른 것만으로도 얻어가는 것이 경멸 대신 미소이고 불행 대신 행복이라는 걸 보여주었는데요. 런던에서의 하루하루가 특별했던 건 환경이 달랐던 탓도 있지만 그 시간을 대하는 나의 태도 차이는 아니었을까, 문득 생각이 든 것이지요. 하루를 가득 채우는 마음으로 살았다면 익숙한 집 역시 런던과 크게 다르지 않게 느껴졌을 수도 있다는 생각으로 한국에서의 매일을 잘 다스리자는 생각을 했습니다. 이제 와서 돌아보니 그것이 성공적이었을까요? 네, 어쩌면요.

조유진

아이의 인생은 나의 인생이 아니다

 단체 운동을 좋아해 축구를 삼 년째 해 온 큰 아이의 두 번째 축구 대회 날이었습니다. 축구를 잘 모르는 엄마들도 이제는 내 아이뿐 아니라 필드에 나가 있는 누군가가 잘한다, 못한다 정도는 구분할 수 있게 되었고, 남아와 여아의 실력 차이도 눈에 보이게 되었습니다. 축구를 좋아하지만 잘하지 못하는 여아의 엄마인 저는 대회를 앞두고 아이에게 신신당부했습니다.

 "골키퍼는 하지 마."

 어느 순간부터 남자아이들과 여자아이들의 힘의 차이가 확연히 보였습니다. 멀리서 보기에도 축구를 잘하는 남자아이들의 슛은 강력했고, 괜히 잘못 맞으면 아이가 축구 자체를 재미없어할까 걱정되던 참이었습니다. 하지만 그보다도 축구를 잘하지 못하는 아이가 골키퍼를 맡아 실책을 하고, 그것 때문에 팀이 지면 어떡하지라는 우려가 더 앞섰습니다. 아이는 아직 승패의 개념이 없었는데요. 내 게임이 아님에도 불구하고, 내 게임처럼 지고 싶지 않았던 탓이었습니다.

어린이 축구 대회는 각 팀마다 세 번의 경기가 예정되어 있었습니다. 아이 팀의 첫 경기는 아슬아슬하게 승리, 두 번째 경기는 패배. 마지막 세 번째 경기는 압도적으로 이기고 있었습니다. 아이의 팀과 상대 팀의 실력 차가 너무 크자 주심 선생님은 골키퍼를 교체해 달라고 요청했습니다. 다른 여자 아이가 먼저 손을 들고 골키퍼가 되어 한 점을 실점했고, 크게 낙담한 그 아이는 골키퍼 추가 교체를 요청했습니다. 네, 제가 우려했던 바로 그 상황이 벌어진 거죠. 그런데 생각지 못했던 일이 일어납니다. 제 당부를 잊은 저의 딸이 자진해서 손을 들고 골키퍼 장갑을 꼈습니다.

응원은 끝났다

순식간에 저는 응원하던 관중에서 개인 코치가 되어 골대 옆에 달라붙어 아이를 조정했습니다.

"반대 팀 애들이 멀리서 보이면 조금 앞으로 나가 각도를 좁혀."

"공이 높게 오는 것 같으면 골대 쪽으로 와서 잡아."

"골은 잡자마자 제일 잘하는 친구한테 줘."

경기를 보는 내내 몰랐는데, 어린이 축구 치고는 골대가 커 보였고 반대팀 아이들이 우르르 몰려오면 십만 대군이 말을 타고 달려오는 것 같았습니다. 반대로 우리 팀 아이들은 왜 그렇게 느리게 달려오는지. '조금 더 빨리 달려줘! 뭐하는 거야! 왜 공을 뺏기는 거야! 공을 어디다 주는 거야!' 괜스레 야속하기도 했습니다.

제 입은 모터가 달린 듯 멈추질 않았습니다. 아이는 본인보다 승부욕 강한 엄마의 말을 하나하나 곱씹는 듯 했습니다. 자기 손보다 큰 장갑을 끼고 어색해하는 아이의 모습을 볼 때마다 이럴거면 차라리 내가 직접 필드에 들어가 대신 골키퍼를 하고 싶다는 생각까지 들었습니다. 시간은 왜 이렇게 느리게 흐르는지. 마지막 경기인데다 고작 5분이 남았는데, 저에게는 다섯 시간이 남은 듯 했습니다. 나의 기력이 실시간으로 깎여나가는 느낌. 머리가 괜히 지끈거려 머리에 손을 얹고, 다행히도 공격권을 지켜내고 있는 우리 팀 아이들을 응원하였습니다. '제발, 제발 뺏기지 마. 이 쪽으로 오지도 마.'

그리고 순간, 깨달았습니다. '나, 지금 뭐하는 거지?' 지금 아슬아슬한 선을 넘을 듯 말 듯 아이를 조정하고 있구나. 아이를 존중하지 않고, 격려하지도 않고, 내 말대로, 내 지시대로 움직이라고 말하고 있구나. 그렇게 시작된 깨달음은 자기반성으로 깊게 이어졌습니다. 아이가 내 말대로 움직이면 성공할까? 만약 내가 하라는대로 했는데 실패하면, 그 때는 내가 아이를 책임져줄 수 있을까? 나보다 아이가 더 강해졌을 때까지도? 나는 아이와는 다른 세대를 살아왔고, 결국 아이보다 먼저 세상을 떠날텐데, 내가 원하는 건 아이가 나에게만 의존하는 걸까? 그러면 내가 떠난 뒤 아이는 어떻게 하려고? 그리고 그게 정녕 아이를 위한 길일까?

누가 와서 찬물을 들이부은 느낌이 들어 저는 아주 잠시 가만히 서 있었습니다. 그리고 야속하게도 우리 팀 아이들은 공격권을 빼앗겼습니다. 상대 팀 아이들이 몰려오기 시작하자 당황한 아이가 "엄마, 어떻게 하라고?"라고 물었지만 아무 말도 하지 않았습니다. 어떤 말도 할 수 없었습니다. 아주 작은 것이라도 네가 스스로 결정하고 성장해야 의미가 있지 않겠니. 엄마가 말해줘서 이기는 건 좋은 결과가 나와도 문제가 될 테니까. 이미 너희 팀은 한 번 이기기도 했잖아. 그래서 저는 웃으며 말했습니다.

"잘 막으면 돼. 화이팅!"

골대에 풀로 붙인 듯 붙어있던 몸을 떼고 아이를 조금 멀찍이 바라보았습니다. 여전히 골대는 크고, 상대팀 아이들은 무섭게도 달려왔습니다. 그래도 괜찮았습니다. 필드에서 그 모든 것을 보고 듣고 느끼는 사람은 내가 아님을 알게 되었으니까요. 아이가 어떤 선택을 하든 나는 그것을 바라보고 지켜보고 응원해주는 엄마가 되리라 굳게 마음 먹었으니까요. 상대팀 아이 하나가 발로 찬 공이 너무 세지 않게 굴러왔고, 아이는 그 공을 멋지게 잡아냈고, 시간은 금방 흘러갔고, 아이의 팀은 승리했습니다.

아이를 낳아봐야 진짜 어른이 된다는 말. 아이를 낳기 전에도, 낳은 직후에도 저는 정말 싫어했습니다. 세상에는 다양한 경험이 있고, 아이를 낳는 것만이 가장 극한의 경험일 리

없다고 생각했기 때문입니다. 게다가 이 말 속에는 아이를 낳지 않은 사람을 격하하는 뉘앙스가 느껴져 불쾌하기까지 했습니다.

그러나 아이를 키우며 가끔은 생각합니다. 아, 그래서 '진짜 어른'이라는 말을 썼던 걸까. 누군가를 위해 무작정, 무조건, 무엇이든 할 수 있는 마음. 그러나 그 마음을 다 쓰지 않기 위해 한 발짝 물러나는 순간. 아이의 인생에서 나의 비중이 점점 줄어드는 것을 감내해야 하는 타이밍. 그리고 언젠가는 아이의 수많은 비밀이 궁금하겠지요. 그러나 그 모든 것이 서운하지 않고 오히려 진심으로 아이를 응원하게 될 때, 그제야 이전보다 조금 더 나은 내가 되어 있을 것임을 이제는 압니다. 그것이 '진짜 어른'이라는 말이 품고 있는 뜻이겠지요.

조유진

끝 없는 어른 공부

 부자는 망해도 3대는 간다고 했습니다. 어쩌면 스타트업도 망하려면 3개월은 걸리는 걸까요?

 투자금이 들어오며 회사에 밀물처럼 사람들이 밀려들어왔습니다. 저도 그들 중 하나였습니다. 스타트업을 다니는 지인들에게 물어가며 합류를 고민하던 기간 동안 마음이 착착 정리되며 일종의 각오도 했습니다. 어쩌면 이 기술은 세상을 바꿀 수 있다! 근데 그러기 위해서는 업무가 많을 수도 있다….

 입사 후 3개월. 소속 없이 일하던 프리랜서가 다시 소속감을 느껴가며 적응해야 하는 시기. 이 전의 나는 안정적인 회사만 다녔던 것인가 싶을 정도로, 혼돈도 이런 혼돈이 없고 카오스도 이런 카오스가 없었습니다. 그 와중 큰소리 치던 자들 중 하나가 야반도주를 하였습니다. '나이도 먹을 만큼 먹으신 양반이 이게 무슨 경우 없는 일이람.' 우리는 그의 잔재를 정리하며, 그는 결국 나가야 할 사람이었음을 확인했습니다. 그래서 오히려 다행이라 생각했습니다. 절대 나가지 않으려 했을 사람이 제 발로 나갔으니까요. 같은 곳을 향해 배가 다시 순항하는 듯한 착각이 잠시 찾아왔습니다.

3개월 후. '아, 이건 정말 끝났다. 우리는 망했다.'는 말이 절로 나왔습니다. 직원 중 하나가 사기꾼임이 밝혀졌기 때문이었습니다. 회사는 뒤숭숭해졌고 피의 숙청이 이루어졌습니다. 대표는 매일 눈이 벌겠고, 날마다 다른 사람을 불러 정황을 확인했습니다. 그들과는 관련이 없는 저까지도 불똥이 튈 것을 생각하며 목을 닦고 차례를 기다리는 기분이었습니다. 출근길에도, 퇴근길에도 우리는 서로의 안부를 물었습니다. 괜찮아요? 괜찮을까요? 그리고 당연하게도, 아무도 답을 해주지 못했습니다. 아슬아슬한 줄다리기 끝에 사기꾼과 연결된 이들이 모두 정리된 뒤에도 불안은 사라지지 않았습니다. 그럼에도 또 버티는 혹은 버텨내는 회사가 신기하기까지 했습니다. 이건 근성일까요, 아니면 망하는 것도 기술이 필요한 걸까요.

스타트업의 시계는 기묘하게 압축되어 있습니다. 하루가 일주일 같고, 한 달은 일년 같고, 3개월이면 강산이 변한 것 같습니다. 또 한 번 강산이 변한 뒤, 확장을 위한 인재 영입으로 회사는 지금까지와는 다른 결로 출렁거리기 시작했습니다. 더 이상 출렁거리면 토가 나올 것 같은 수준까지 갔습니다. 구토를 막아주기 위해서인지, 해외 출장이 있었습니다. 이 상황에서도 해외 출장을 보낸 걸 보면 회사는 아직 망하려면 먼 것은 아닐까? 착각인지 아닌지 확인 차 매일 사무실의 직원과 서로의 안부를 확인했습니다. "거기는 괜찮아요? 네. 거기는요?", "어, 여긴…. 아니요."

흔들리는 스타트업

사람을 가려야 한다는 걸 배운 3개월, 악당의 잔재와 싸운 3개월, 버티는 법을 익힌 3개월. 그리고 어쩌면 앞으로의 3개월은 성장하는 법을 배우는 기간인 건 아닐까. 스타트업의 생명은 망하지 않는 데 있는 것이 아니라, 망할 듯 망하지 않고 3개월씩 연장하는 데 있는지도 모르겠다고 생각했습니다다. 그렇게 배우고, 싸우고, 버티는 경험을 반복하다 어느 순간 생각했습니다. 결국 배움에는 끝이 없다는 것을요. 그리고 내 스스로를 책임지는 어른이 되었다고 느끼는 시점은 공부를 멈추지 않아야 한다는 걸 깨닫는 시점이라는 사실을요.

학생일 때는 시험이 공부의 이유였습니다. 남들보다 좋은 성적을 얻기 위해, 그것이 보장해주는 밝은 미래를 위해. 그리고 어른이 된 지금은 삶 자체가 공부의 이유가 됩니다. 사람을 대하는 것은 학생때보다 어렵고, 언제나 미래는 불확실하고, 그 와중에도 누군가는 성공을 하고 실패를 합니다. 성공하고 싶어 공부를 할 수도 있지만 실패하고 싶지 않아 공부를 해야 하기도 합니다. 그래서 저는 의도적으로 공부의 자리를 제 일상에 남겨두고 있습니다.

심리 상담사 두 분을 포함하여 현명한 분들과 매주 심리학 책을 읽고 이야기를 나누는 스터디를 3년 이상 이어가고 있습니다. 처음에는 그저 '충분히 좋은 엄마'가 되어 아이들을 잘 키워야지 하는 마음으로 시작했던 도널드 위니코트의 책 모임이었습니다. 아이들의 모든 행동 뒤에는 부모를 따라 배우는 시간이 있습니다. 하지만 모든 것을 완벽히 해내야만 좋은 엄마가 되는 것은 아니라고, 그는 '충분히 좋은 엄마'가 되어주는 것만으로도 이미 역할을 다한 것이라고 말했지요. 그리고 그 말은, 늘 괜찮은 척하지만 속으론 불안한 나에게 조용한 위로가 되어주었습니다.

그리고 지금은 다른 심리학 책들도 함께 읽고 있습니다. 가장 어렵다는 '사람의 마음'을 이해해보려는 시도는, 처음엔 조직의 움직임을 받아들이기 위해 시작했지만, 이제는 제 삶을 지탱해주는 또 다른 축이 되었습니다. 오늘과 내일이 다른, 급변하는 21세기의 속도에 휘둘리지 않기 위해 저만의 학습과 성찰의 리듬이 되어준 것이지요.

결국 공부란, 흔들리는 상황 속에서도 내가 나를 잃지 않게 붙잡아주는 힘이 아닐까요. 스타트업이 3개월씩 연장되듯, 제 삶도 공부를 통해, 매번 조금씩, 그러나 분명하게 연장되고 있습니다.

조유진

하루를 시작하는 힘

누구나 매일, '하루'라는 기회를 공평하게 얻는다. 지난 밤 잠의 끄트머리를 밀어내며 새로운 아침으로 들어간다. 어슴푸레한 새벽에 깨어날 때면, 여신이라도 된 듯 넘치는 자신감으로 빠른 하루를 연다. 어젯밤 내린 어둠은 짙푸른 빛으로 다시 태어난다. 해는 서서히 존재감을 드러내기 시작한다.

나의 하루 시작은, 돋은 해가 좀 더 고개를 내밀 무렵이다. 잠에서 깨어나 눈꺼풀이 열리는 찰나에 느껴지는 밝은 빛은, 언제나 정신을 먼저 일으켜 세운다. 창문 블라인드 틈새의 눈부신 햇빛이 선명함을 주체 못 하고, 실내를 가득 채운다.

깨어난 감각이 육체로 퍼져 나갈 즈음, 굳은 온몸을 두어

번 뒹굴고는 기지개로 한껏 유연하게 예열한다. 아직 덜 깬 이들을 기다려주던 해는, 어느새 고개를 더 들어 빛을 활짝 펼쳐 보인다. 충분히 잠을 자고 난 뒤라 정신은 맑고 의욕은 충만하다. 잠든 사이에 '기대하는 하루'를 미리 만들어 놓은 듯, 새 날의 윤곽이 왠지 또렷하다.

 몇 시에 일어났든, '지나간 오늘'은 현재의 인생과는 상관이 없다. 어제의 못난 행동과 실수를 잠과 꿈으로 다 녹여낸다. 불만족스러운 기억의 옷을 벗어 던져도 좋다. 새롭게 시작하라고 새로운 날이 열린 것이다. 어제도 그럭저럭 살아냈으니, 오늘은 더 잘살아 볼 자신감을 가져도 된다.

 자신감이 없더라도 겁낼 건 없다. 밝은 햇빛이 나를 비추고, 나는 그것을 바라볼 수 있기 때문이다. 부러울 것 없이 우아하게 뽐내던 빛은, 흐르는 구름을 만나면 잠시 길을 내어준다. 두터운 먹구름도, 비를 내린 뒤 지나간다. 내가 맞이한 하루도 그렇게 놓아두면 되는 것이다.

 오늘도 스스로, 주인이 될 세상으로 들어가며 마음 안에 단단한 주먹을 말아본다. 얼른 나아가고 싶은 욕망이 솟는다. 이 욕망은 손끝에서 발끝까지 흐르는 따뜻한 피의 돌기로 점점 부풀어 올라, 활기를 띨 낮을 상상하며 행복감을 만들어낸다.

아침 공기는 정신을 집중시키는 마력이 있다. 취향에 맞는 커피를 가져오고, 읽다 만 책을 펼친다. 부서진 햇살에 비친 활자를 더듬으며 책 안으로 들어간다. 세상은 의식의 껍데기에서 잠시 멀어진다. 글 숲의 길에서 만난 잔잔한 평온함은 행복을 새롭게 정의한다. 그 행복은 내가 만든 것이기에, 온전히 나만의 것이다.

도시에 사는 나에게 아침 햇살은, 진귀한 선물이다. 예전에는 해 오름을 하루와 하루를 가르는 정도로 여겨왔다. 인생의 후반부에 들어와서야 비로소 '너의 존재를 인식하며 살아보라.'라는 신호로 받아들이기 시작했다. 살아있음으로써 어떤 방식이든 인생을 자신 있게 엮어 가라는 손짓이다.

햇살은 오감을 터트리는 탄성의 크기만큼, 정신 깊숙한 곳까지 다다른다. 무심하게 맞이하는 사람과는 많이 다르다. 하루의 시작점부터 삶의 질감이 달라지기 때문이다. 해가 질 녘까지 우주의 선물을 기억한다면, 한 낮의 어리석음에도 감사한 이유를 얼마든지 찾아낼 것이다.

아침 선율을 탄 심장박동의 리듬은 명랑한 기분을 실어 나른다. '나만의 하루'를 만들어 줄 자원이다. 빼곡한 계획표만이 일상을 잘 살아내는 것은 아니다. 원하는 하루를 사는 데에 '살아갈 기분' 또한 중요하다. 감정은 의욕을 좌우한다.

길고 진득한 절망의 시간을 지나온 사람은 안다. 햇빛의 눈 부심이 왜 이토록 찬란한 것인지! 비 오는 날의 감상이 깊은 내면으로 들어가도록 이끌어 준다면, 밝은 아침 빛은 내 안의 어두움을 꺼내도록 돕는다. 어둠 안에도 빛은 스며 있다. 그 빛이 살아 움직이도록, 바깥 태양은 마중물이 되어준다.

아무리 힘들지라도 고개를 들어야 한다. 햇빛을 쳐다볼 힘만 가져도 살 수 있다. 새로운 하루를 살아가는 동안 아픔은 한 겹 더 얇아지고, 마음속 조용한 혁명 같은 '어떤 힘'이 솟아오른다. 그 힘은 언제나 나의 하루 삶을 지지할 것이다.

허연우

여백의 시간 안에서

매서운 한파보다 더 공포스러운 폭염을 뚫고, 동네 문방구로 향했다. 가게 입구에 막 도착한 순간, 옆으로 넘어지고 말았다. 낡은 슬리퍼가 문제였다. 높은 통굽의 샌들 끈이 땡볕을 견디다 못해 늘어나, 발을 지탱하지 못했던 거다.

힘겹게 일어났지만 휘청거리다, 같은 자리에서 다시 넘어졌다. 스케이트 초보자가 넘어지면 어떻게 일어나야 할지 모르는 것처럼, 주저앉아 쩔쩔맸다. 꼼짝 못 하고 헤매는 나 자신이 무력해 보여 우울했다. 근래 내려간 자존감만큼 땅으로 떨어진 몸은, 바닥에 붙어 영원할 것만 같았다. 고맙게도 문방구 주인이 연고를 발라 주었지만, 마음까지 약이 닿을 수는 없다. 나이 탓인지 서러움이 일기 시작한다.

"왼쪽 발가락뼈에 금이 갔네요."

의사는 내 발의 X-레이 사진을 보더니, 깁스를 한 달 반 동안 해야 한다고 말한다.

병원 직원들의 친절과 정성 들인 치료에 마음은 다소 안정되어 갔다. 몸에 난 상처는 아무는 과정을 지켜볼 수 있기에 비교적 견딜만하다. 이만하길 다행이라는 여유는 잠시뿐, 곧 조급함으로 바뀌더니, 갑작스러운 부상이 못마땅하다.

'이 폭염에 제대로 씻지도 못할 거고.'

'외출도 힘들 것이며….'

계속 못 할 일들 생각만 내내 하며 집에 왔다. 생전 처음 해보는 깁스라 어떻게 걸어야 할지 난감했다. 소파에 우두커니 걸터앉았다. 약해진 마음이 더 연해진다.

'그렇지 않아도 요즘 이런저런 일로 마음이 안 좋은데….'

걷는 연습이 필요했다. 발보다 크고 긴 깁스에 적응을 못 해 또다시 넘어지는 일은 없어야 한다. 발끝부터 종아리까지 틀 안에 고정해 놓으니, 걸을 때 몸 전체의 움직임이 덩달아 달라진다. '한 발 내딛기가 이토록 어려울 줄이야.'

집안이지만 곳곳에 발에 걸릴만한 장애물들이 나타났다.

"엎어진 김에 쉬어 간다."라는 속담이 생각난다.

'예상치 못한 실수나 실패, 어려운 상황에서 잠시 쉬며 체력을 회복한 뒤, 원래의 목표를 더 효과적으로 달성할 수 있음.'을 강조한 말이다. 이참에 약 두 달간 어떻게 지낼지에 집중했다. 빠른 회복을 하려는 조바심을 내려놓았다. 대신 나중 완치되었을 때, '그 기간을 잘 보냈다.'라는 만족을 느끼고 싶었다.

수시로 한 발 한 발 무심하게 내디뎠다. 보통 걸음보다 시간이 몇십 배 걸리는 것 같다. 별생각 없이 속도를 내다가, 깁스 발끝이 식탁 다리에 걸려 넘어질 뻔하기도 했다. 더 늦춰야 안전하다. 남들은 바쁘게 걷거나 뛰고 있지만, 나는 느려야 했다. 지금 내게 필요한 속도다. 몸을 일부러 천천히 움직이는 건 생각만큼 쉬운 일이 아니었다.

느린 걸음은 어느새 '나에게 맞는 속도'가 되어 제법 익숙해졌다. 혼자 있는 시간이 늘어나자, 평소에 잘 안 하던 집안 정돈, 영어 회화 공부, 사색 메모하기를 수시로 했다. 의외로 재밌고, 성취감을 자주 느꼈다. 위기 상황일수록 '변화에 익숙해지는 것'이 이득이다. 삶의 변화무쌍한 흐름에 올라타는 것이기에, 일상을 잃는 것이 아니라 새롭게 해보는 중이다.

한 걸음씩 내디딜 때마다 물리적 시간은 분명 가고 있지만, 생각은 때때로 무의식에 머문다. 느리게 움직이니 사고의 '짧은 멈춤'이 자주 찾아왔다. 마음을 어지럽혔던 걱정에는 한결 담담하다. 잠시 머무르는 것, 이 또한 사는 과정이다. 제자리 걷기도 삶의 여정에 필요한 걸음이므로, 여전히 살아가는 동력이다.

마음 여기저기에 끼어 있던, 과거의 불편한 일들이 조용히 살아나곤 했다. 달갑지 않지만, 기꺼이 마주했다. 내 안에서 우러나오는 욕구들과 불편한 것들은 서로 팽팽하게 맞서고 튕긴다. 내적인 치열함을 겪어내야, 고요히 여유로움은 새싹처럼 돋는다. 생(生)은 언제나 저항 속에서 여물어갔다.

살아온 세월만큼 지탱해 준, 다친 발을 다시 내려보았다. 새 신발을 살 때가 아니면 관심조차 두지 않았던 존재였다. 드디어 깁스를 풀었다. 약간 기울어진 체형을 바로잡으려고 거울 앞에 서 있다.

넘어진 김에 잘 쉬었다! 일상의 리듬은 발 부상의 위기로 잠시 주춤거렸지만, 그럼에도 '계획에 없었던' 인생을 '계획하며' 이어갔다. 창조하는 삶은, 예상치 못한 시간을 온전히 받아들이는 것에서 시작한다.

위기에도 꽃은 피어난다

폭염이 내리꽂는 지난여름, 길거리에서 넘어진 발 부상으로 한 달 이상 집에서 주로 지내야 했다. 뜻밖으로 일상을 되돌아보는 계기가 되었다. 그중 일을 성취하기 위한, 속도에 대한 허상이다. 계획표가 내 것이 맞는지 아닌지 모른 채, 시간에 밀리고 쫓기며 앞만 보고 달려왔다. 그사이 팍팍한 마음은 틈새를 비집고 들어와 내 안에 자리를 잡고 있었다.

다른 사람들의 속도가 기준이 되면, 능력을 제대로 발휘하지 못할 수 있다. 뒤처지고 싶지 않아 나도 모르게 조바심이 생겨, 강점마저 놓치는 일이 생긴다. 잘하던 일까지 집중을 못해 마음도 몸도 중심을 잃기 쉽다. 일의 성공에만 해당하는 얘기가 아니다. 취미마저 타인의 기호를 따라 하다 보니, 정작 나에게서 우러나왔던 작은 기쁨을 놓치는 경우가 빈번했다.

수면의 질이 좋아진 것은 의외의 소득이었다. 하고 싶었던 일과 해야만 했던 일 사이를 오가다 놓쳐버린 생각들은 침대에 누워도 의식 속을 떠다녔다. 밤이 한참 흘러서야 편치 않은 마음으로 잠이 들곤 했다. 이참에 할 일을 줄이고 대부분의 의무를 내려놓으니, 잠이 잘 온다.

발이 회복되는 시간 동안 집에서 특별하게 해볼 만한 것은 없어 보였다. 차를 마시며 우두커니 앉아 있기도 했다. 지루함은 시간이 지날수록, 내 존재감을 확인하고 싶은 욕구로 바뀌었다. '적당한 구속'은 오히려 뭐든 하고 싶다는 의욕을 불러일으켰다.

속도를 늦추니, 남이 아닌 내게 집중하게 된다. 독립적인 취향이 되살아난다. 몸은 그 감각을 기억하고 있었다. '하고 싶었던 것들'이 하나둘 보인다. 하루의 시간을 쭉 늘어놓고, 마음이 가는 대로 즐길 생각을 하니 몸이 절로 들썩인다.

책장으로 갔다. 도서관 서가를 돌듯이, 방마다 놓인 책꽂이를 훑어보았다. 읽은 책들의 제목만 감상해도 인상에 남은 내용이 맴돌았다. 좋아하는 문학 도서들을 오랜만에 접하니, 다시 읽고 싶어졌다. 몇 권은 각종 자기 계발서와 트렌드 책에 밀려 나 있다.

한참 전에 사 놓기만 하고 읽지 않은 책, 읽긴 했는데 두껍고 지루해서 졸면서 읽은 책도 보였다. 이런 책들은 부채감이 남아, 언젠가 다시 읽겠다고 다짐한다. 그러나 요즘 대세인 도서부터 먼저 챙겨 읽다 보니, 내가 찜해 둔 책은 자꾸만 밀려났다. 이번 기회에 읽을 결심을 했다.

먼저 김훈의 『칼의 노래』를 집었다. 꼭 읽고 싶어 사놓았지만 이상하리만큼 오래 미뤄두었던 책이다.

"버려진 섬마다 꽃이 피었다."

유명한 첫 구절을 만났다. 멀고 가깝게 흩어져 있는 남해 섬들의 아름다운 전경이 떠올랐다. 다 읽고 난 뒤, 첫 문장을 다시 읽어 보았다. 한 문장 안에서 여러 전쟁 상황부터 이순신의 인간적인 고뇌까지 담긴 책 한 권이, 한꺼번에 생생하게 펼쳐졌다. 그 섬들, 피눈물로 얼룩진 그곳에 기어코 피어난 꽃들은, 다름 아닌 '우리'였다.

이순신 장군은 새벽잠에 식은땀을 자주 흘리며 깼다. 선조는 이순신의 능력을 오히려 질투심으로 경계했다고 한다. 그러나 위태로운 나라를 지켜야 하니 어쩔 수 없이 살려 두었다. 자신을 죽이지 않은 이유를 잘 알고 있는데, 어찌 편히 잠을 청할 수 있었겠는가. 저 못난 임금의 문제는, 백성을 내버리고 도망 다녔다는 것만이 아니었다.

장군은 적이나 다름없는 임금과 백성들의 생명을 챙기며, 진짜 적인 왜군을 상대해야 했다. 얼마나 두렵고 외로웠을지, 저자는 섬세하게 묘사하지만 나는 감히 짐작조차 어렵다. 우리가 이순신을 존경하는 이유가 단지 나라를, 바다를 지켜준 '용맹한 장군'이라는 점만 꼽는다면 참 아쉬운 일이 될 것이다. 이순신을 '안다'라는 것은 그분의 고통스러웠던 지점까지 공감하는 것이어야 하지 않을까.

저 멀리 조정으로부터 매일 조여온 심리적 부담은, 임금에게서 하사받은 칼에 가 닿는 순간, 더욱 위협적으로 다가왔을 것이다. 그럼에도 백성을 위한 전쟁에 몰두하기 위해, 오로지 자신에게 놓인 운명에 집중했다. 현대에 이순신 장군이 잠시라도 살아온다면, 나는 그에게 묻고 싶다.

"그 심적 고통을 견디며, 어떻게 그렇게 한결같이 큰일에 몰입할 수 있었습니까?"

지난 시절이 떠오른다. 바닥이라고 느꼈던 고통의 한가운

데에 있던 내게, 죽음으로써 벗어나고 싶을 때가 자주 찾아왔다. 그러나 장군이 나라를 지키듯, 자식들을 지키기 위해 현실이 두려워도 고통을 껴안아야 했다. 오늘 나는 '용감한 장군'이 아니라, 인간 이순신으로부터 위로받고 있다.

버려졌던 그 섬에, 지금 꽃들은 생명을 이어가고 있다. 나 또한 살아가고 있다. 그곳에서 가장 빛나던 꽃은 이순신 장군이다. 지금 여기서 가장 빛나는 꽃은 바로 나 자신이다. 마음을 어지럽히는 기억의 날개를 꺾어 버리려다가, 생각을 바꾸었다. 언제든지 부드럽게 아픔을 보듬어주려 한다. 오늘도 일상을 '새로 고침'하는 중이다. 책 안의 좋은 문장들이 건드려준 내면을 넘나들며, 내가 바라는 인생 방향으로 각도를 조금씩 맞추며 가고 있다.

허연우

여행길에도 삶은 흐르고

얼마만의 해외여행인가! 드디어 그날이다. 약 2주간의 휴가는 우리 부부에게 행복한 휴식을 줄 것이다. 새벽 4시 30분, 공항버스를 타기 위해 현관문을 나섰다. 정류장은 가까웠지만, 인도가 울퉁불퉁해 그 구간만 자동차로 캐리어들을 옮기기로 했다.

짐을 모두 길 한쪽에 내려놓은 남편은 다시 차를 주차하러 집으로 갔다. 짙고 푸른빛의 새벽은 자동차 불빛으로 반짝거린다. 인적이 드문 도로변에서 짐을 지키며, 스트레칭과 제자리 뛰기로 즐거움을 온몸으로 뿜어냈다. 어슴푸레한 파란 어둠 속에서 남편의 걸어오는 모습을 보았다.

대로변 신호등이 바뀌자마자 우리는 파르스름한 어둠을 뚫고 힘차게 바퀴를 굴리며 횡단보도를 건넜다. 버스 정류장에 벌써 누군가 와 있다. 곧 부부 몇 쌍이 우리 뒤에 섰다. 어느 곳으로 떠나는지 궁금하다. 이 새벽, 같은 시간에 남들과 공항버스를 기다리니 더 즐겁다. 표정을 보니 그들도 무척 설레나 보다.

버스가 막 도착했다. 가뿐하게 올라타 자리에 앉았다. 모두가 탔고, 기사님도 승객들의 짐을 점검한 뒤, 드디어 출발하려 한다. 바로 그때, 남편이 갑자기

"어…. 가방." 하며 두리번거리더니,

"먼저 가!"라고 내게 한마디 던지고, 앞문 쪽으로 급히 뛰어나간다.

내 좌석은 출입문과 반대편이라, 버스 밖으로 사라진 남편의 모습을 볼 수 없었다. 갑작스러운 이 상황에 놀라 뇌 작동이 멈춘듯하다.

'혹시 여권 가방인가?'

자동차 키를 집에 두고 올 때, 여권 가방을 그대로 조수석에 두고 내린 것이 틀림없다. 여행에 들떠 있다가 몇 분 사이에 이게 무슨 일인가…. 혼자 남겨지니 얄궂게도 버림받은 기

분이다.

잠시 후, 휴대전화가 울린다. 남편이었다. 버스에 실은 자신의 기내용 캐리어도 잘 챙겨달라고 한다. 놀란 마음은 내내 진정이 안 되었다. 사실 크게 걱정할 건 없는 일이다. 25분 배차 간격이 있기에, 뛰다시피 걸으면 집에 다녀올 수 있다. 다행히 "다음 버스를 탔다."라는 그의 전화를 받았다. 그제야 안심하고 등받이에 몸을 기댈 수 있었다.

쉼 없이 달려야 하는 영종대교나 공항에서 알았더라면 어떠했을까? 생각만 해도 아찔하다. 걱정거리가 없어졌는데도 여전히 마음은 안 편하다. 가는 동안 함께 요기하려고 준비한 빵을 꺼냈다. 한입 베어 물다가 속이 불편하여, 도로 가방에 넣었다. 마지막 정류장에서 다른 승객이 짝꿍의 빈 좌석에 앉자마자, 버스는 공항을 향해 거침없이 달렸다.

'그때라도 알고 재빠르게 내려서 다행이지….' 마음을 가라앉혀 본다.

올림픽 대로를 달리는 버스 창밖으로 고개를 돌렸다. 빠르게 스치는 나무 사이로 강가 풍경을 별 감흥 없이 뚫어져라 봤다. 초여름 한강 변의 초록 가득한 나무와 무성한 수풀을 보는 동안, 여행에 대한 기대감이 살아난다. 체했던 마음도 어느새 풀린다. 떠나는 즐거움을 남편과 이 순간 공유하지 못하는 것이 못내 아쉽다.

그 같은 실수를 만약 친구가 했다면, 미안해할까 봐

"시간이 충분하니, 괜찮아."라고 나는 말해주었을 거다.

만약에 그런 실수를 내가 했다면, 어땠을까? 아마 평상시 남편이라면,

"그때라도 알아서 진짜 다행이다."라며 재빨리 알아차린 것에 대해, 칭찬 비슷한 말이라도 해줬을지 모른다.

버스는 인천공항 출국장에서 멈췄다. 그러나 또 다른 난관이 기다리고 있었다. 인도에서 멀리 떨어진 차도에 버스를 세운 거다. 화물용과 기내용 캐리어 각각 두 개씩, 내 무거운 보조 가방을 한꺼번에 맞닥트렸다. 제멋대로 굴러가는 남편 캐리어를 발로 막으며, 외롭게 차례대로 옮겼다. 마음을 내려놓긴 했지만, 몸까지 짐이 된 듯 기운 빠진 왕복을 여러 번 해야 했다.

공항으로 오는 내내 원망스러운 감정은 왜 들었던 것일까? 모처럼 가는 해외여행에 가슴이 한껏 부풀어 있다가, 한순간에 뚝 끊어지는 경험. 어쩌면 그 간극이 너무 컸기 때문이 아닐까. 나에게 여행은, 준비물 챙기기와 집을 나오는 순

간, 목적지로 이동할 때 가장 설레고 행복하다. 부부가 함께 가는 여행이지만, 이 또한 각자의 인생인가 보다. 같은 길을 걷지만, 그 여정에서 마주하는 상황은 서로 다르고, 그로 인해 생겨나는 감정도 서로 다를 수밖에 없다.

우리 부부는 뜻하지 않은 경제적 위기로 인생의 어지러운 궤도를 돌던 시절, 서로에게 의지하며 버텨왔다. 발밑 땅만 보는 동안, 우리 가족의 기쁜 순간들을 얼마나 놓쳤는지 서로 잘 안다. 다행히 여행의 남은 시간은 아직도 충분하다. 모든 것이 계획대로 흘러가는 지금, 그 자체로 감사하고 기쁘다. 이 정도의 사건, 사고쯤은 지나고 보면 정말 사소한 일이다. 설령 천 번쯤 겪는다 해도, 삶은 결국 고요하다는 걸 알고 있다. 그 사실을 새삼 깨달은 지금, 이 순간이야말로 최고로 행복하다.

허연우

때로는 조금만 투명하게

 이른 아침부터 뜨거운 바깥공기가 집안을 데운다. 세안으로 상쾌했던 마음에 오염이라도 될까 봐 황급히 커튼 쪽으로 손을 뻗어, 밀려드는 햇볕을 막아낸다. 기후 변화의 영향이라 생각하니 달갑지 않다.

 '이런 여름 날씨는 갈수록 심해질 텐데….' 뜨거움이 매력이던 이전의 한여름 태양은 무서운 폭군처럼 되어, 집안의 나와 대치 중이다. 거실 밖 세상은 눈이 시릴 만큼 성이 난 듯 열기를 쏘아붙이고 있어서, 베란다에 나갈 엄두가 나지 않는다. 하얀 망사 커튼의 미세한 틈 사이로 각자의 방향으로 달리는 자동차들이 보인다. 역동이 느껴지는 유일한 광경이다.

새로운 하루다.

　책을 읽다가 거실 밖으로 무심히 눈길을 돌렸다. 반투명한 커튼 사이로 보이는 하늘은 벌써 지친 듯 색이 뿌옇다. 불규칙하게 접혀 흐르는 마디진 주름 때문에 시선도 이리저리 끊긴다. 강렬한 열기를 지붕에 이고 달리는 뜨거운 자동차들을 바라보니 마음은 이내 나른하다. 하고 있던 생각이 뚝뚝 끊어지며 몽롱하다가, 다른 생각이 불쑥 튀어 오르기도 한다.

　'세상에 도저히 견디지 못 한 일은 없지….'

　큰 위기를 지나 본 사람이기에 어떤 어려움도 이겨낼 자신이 있었다. 이런 예상은 때때로 맞기도 했지만, 빗나갈 때가 많다. 매번 같은 어려움은 없었다. 같은 상황이라도 맥락이 다르고, 나 자신도 변화하니, 경우의 수가 얼마나 많겠는가. 늘 해답을 찾아야 한다.

　지난날, 나는 아무리 삶이 힘겨워도 짐을 바닥에 내려놓을 수는 없었다. 약한 몸, 조용하고 섬세한 성향은 아무 소용이 없었다. 강해져야 했다. 바닥에서 몸부림을 칠 시간도 없다. 힘을 내야, 가정을 지키고, 평범한 자리로 되돌아갈 수 있기 때문이다. 묵묵히 받아들이는 것이 최선이었다. 내가 선택한 인생이며, 작은 행복들이 담긴 단란한 가정이고, 연약한 자식들을 품고 있기 때문이다.

아이들은 어미가 쳐 놓은 안전한 울타리 안에서 꼼지락거렸기에, 나는 정신을 잃지 않았다. 삶으로써 책임을 마쳐야 한다. 힘을 낼수록 단단한 껍질이 생겼다. 끝까지 이 위기에 지고 싶지 않았다. 아이들의 어린 시절, 함께 놀던 인공 파도가 무서워, 나만 언저리에서 구경만 한 겁쟁이 엄마였다. 이제 그 엄마는 변신하는 중이다. 요동치는 파도 위에 과감하게 올라탔다. 시간은 잘도 갔지만, 회복은 더디게 다가왔다.

기운을 낼수록 나에게서 '나'는 사라져 갔다. 아이들을 지키기 위한 존재로만 자각할 뿐이다. 소소한 기쁨과 추억들을 매만지지 못해, 마치 없었던 일처럼 삭고 있었다. 기억이 나더라도 이 상황과 어울리지 않아 낯설기만 했다.

세월이 가는 동안 '마음의 갑옷'이 생겨, 나 자신이 어떤 사람이었지 기억이 안 났다. 가장 먼저 잃어버린 것은, 바로 '나'였다. 엄마의 자리가 그런 것이었나. 식구들의 미래를 위해 내 자리 정도는 쉽사리 치워버려도 아까운 줄 몰랐다.

어느 날, 신문 속 한 문장이 눈에 띄었다.

"누군가에게 잘못을 저지르더라도, 집 밖으로 나가야만

합니다."

　은둔하며 사는 사람을 걱정한, 어느 정신 심리 전문가가 쓴 칼럼의 한 문구다. 나를 향한 조언으로 들려왔다. 이대로 살 수는 없었다. 갈 곳을 찾기 시작했다. 도서관의 독서 치유 프로그램에 참여 신청하고, 예전처럼 사람들과 어울리기 시작했다. 서로 자신들의 상처를 열려고 노력했고, 나도 두서없이 듬성듬성 작은 소리로 말했다. 서로의 눈물을 보았다. 그때 알아차렸다. 우리는 모두 귀중한 존재이며, 스스로 돌봐야 할 대상이라는 것을.

　'특별한 존재'라는 느낌은 살아갈 욕구를 일으켰다. 새로워질 나의 모습을 상상하는 동안, 가슴이 뛰었다. 책의 문장 하나하나가 외롭고 허기진 마음 안으로 스펀지처럼 빨려 들어왔다. 내가 보이기 시작했다. 스스로 나를 일으켜 세우니, 하루를 사는 의미가 달라지고 있었다. 현실은 여전히 무거워도, 희망으로 받치니 한결 가벼워졌다. 마음에 두껍게 고여 있던 상처는 서서히, 조금씩 묽어져 갔다.

　잠시 펼쳤던 지난 삶을 곱게 접어, 다시 넣었다. 현재 별 탈 없는, 아무 일 없다는 안도감은 때때로 과거의 아픔을 편히 부른다. 큰 한숨이 시원하게 가슴을 뚫고 나왔다. 당장 급히 뛰어나갈 일이 없는 것만 해도 어딘가. 지난 시간은 저 커튼 주름 사이로 꺾여 사라졌다. 하루를 잘 살고픈 열망이 그 자리를 채운다.

밝음이 지나치게 강렬하면 오히려 모든 것이 흐릿하다. 때로는 바깥세상의 조명을 조금 가려주어야, 내면으로 가깝게 다가간다. 적절하게 희미한 커튼 안의 안온함에서 지금 내 육체와 마음은, 더없이 선명하다.

타인이 스승일 때

사는 동안 깨달음의 순간은 다양한 형태로 다가오지만, 결코 쉽게 얻어지는 것은 아니다. 우리가 무심코 지나치는 경우가 많거나 내 안으로 들이지 않기 때문이다. 자연의 섭리는 물론, 사람의 언행, 사물의 의미를 통해서도 얼마든지 통찰은 가능하다.

자신의 현재 모습이 되기까지 영향을 미친 '누군가'가 한 명 이상은 있을 것이다. 내게도 이런 분들이 있다는 건 복이다. 독서를 통한 경우가 가장 많다. 책 속 저자의 잔잔한 울림은 내 생각을 얹어 묵힐수록 진득하게 남는다.

직접 마주한 짧은 만남 속에도, 마음의 울림을 받는 경우가 있다. 독서가 글쓴이를 정갈하게 만나는 일이라면, 직접 사람을 만난 경우는 미처 다듬지 못한 투박한 말이라도, 진심이 와닿는 순간 지혜의 불은 켜진다. 몸이 먼저 현실에 부딪치며 얻어낸 그들의 뼈 있는 한 마디는 비록 언어 표면이 거칠어 보여도, 사는 내내 그 의미를 곱씹게 된다.

위대한 철학자들의 말보다 평범한 어떤 이의 쓰라린 인생 경험 한마디가 가슴을 더 파고든다. 체험에서 빚어낸 현실의 진액은, 내 생각의 전환을 일으킨다. 당시에 보고 들은 인상은 마음이 메마르지 않도록 촉촉한 샘물로 남는다. 특별히 해둔 메모를 읽는 것처럼 생생하다.

10여 년 전, 그 모임은 인생에 대한 회의가 생길 때마다 떠오른다. 평생 기억하고 싶은 인연이다. 노년층 회원들 대상으로 독서 치유 프로그램을 진행한 적이 있다. 회원들은 은퇴 전까지 사회적 능력을 갖추고 활발한 활동을 해오셨다. 각자의 자부심은 여전히 살아 있었다.

어느 날 내면을 표현하는 시간을 가졌다. 다들 처음 꺼내보는 얘기라고 하신다. 어떤 분은 친구들에게 자신이 평탄하게 사는 것처럼 보이고 싶었다고 고백하셨다. 가정 문제, 암 투병 같은 상처를 외롭게 보호하며 살아오신 거였다. 나은 상황을 기다리는 동안, 그들의 시간은 연륜을 깊게 만들고 있었다. 이러한 나이 듦의 시간은 세월을 삭히는 뺄셈이 아니다.

이분들의 초연해진 과정을 알아가는 동안, '뜻밖의 변화'가 내게 일어났다. '기(氣)'를 되살려 놓은 일이다. 지금의 처지가 못난 인간이라 생긴 일이 아니라는 '나에 대한 긍정'이었다. 그 당시 겪고 있던 무거운 고통이 언젠가 반드시 사라질 거라는 희망의 빛을 보았다. 그러자 삶은 더 간절했다. 이 열정을 잃지 않으며 앞으로 나아가는 것이 인생이었다. 소망을 갖는 일도 지렛대가 되어줄 '누군가'가 필요하다.

예상치 못했던 사람들로부터 받은 감동은 또 있다. 어린 초등학생들이라 해서 관심과 가르침만 받는 대상이 아니었다. 어느 날, 도서관의 사무에 차질이 생겨, 해결하느라 수업 시작 시각을 놓친 일이 있다. 아이들은 늦는 선생님이 궁금해 깔깔대고 장난치며 사무실로 들어오더니, 되돌아 간 일이 있었다.

잠시 후 강의실에 들어가니, 선생님 놀이하듯 나를 흉내 내며 독서 수업을 준비하고 있었다. 평소 말썽꾸러기였던 녀석은 칠판에 "쌤, 사랑해요!"라고 굵게 써 놓았다. 어른의 상심을 아이들이 읽은 거다. 나를 위로하는 방식이었다. 몸과 함께 쑥쑥 자라는 마음을 보았다.

성장하려면 자신보다 더 어린 젊은 사람에게 배울 수 있어야 한다고 강조하신 분이 있다. 고(故) 신영복 교수님은 수감생활 시절, 모친께 드린 옥중 편지에서 말씀하셨다.

> "제가 어머니께 바라고 싶은 것은 젊은 사람한테 자꾸 배우시라는 것입니다. 옛날 같지 않아 이제는 점점 젊어가는 노인이 되셔야 합니다. 진정 젊어지는 비결은 젊은이로부터 새로운 것을 배우는 길밖에 없습니다."
>
> _『감옥으로부터의 사색』 중에서

1970년대에 이런 사고를 하셨다는 것이 놀랍다. 이 말씀을 지금까지 성장의 지침으로 여기고 있으니, 나에게 진정한 스승이다. 깨달음은 '스스로 얻는 일'이다. '어떻게 살 것인지'는 자신이 선택하는 일이기 때문이다. 평소 인생의 길에서 의문을 가진 사람일수록 얻기가 쉽다.

내가 참여하는 커뮤니티들은 다양한 연령대가 모였다. 서로의 성장을 위해 만난 동료와 같다. 생경한 사람들과 만나면, 늘 긍정적인 긴장감을 받는다. "또 하나를 배웠구나!"라며 이들의 현명함과 시대 흐름에 맞는 새로운 지식을 내 주머니에 쏙 넣는 기분이다. 이런 느낌은 활기를 준다. 익숙하고 편해서, 오히려 서로 자극이 안 되는 친구 관계와 다른 점이랄까.

타인의 말에 의존하라는 의미가 아니다. 선택은 자신의 몫이다. 독서로 일어나는 통찰처럼, 누군가의 언행은 기존 생각을 흔들어, 새로운 생각을 낳기도 한다. 인생의 궤도를, 살고 싶은 방향으로 잡아 나가는 일이다.

주체적인 '참 나'로 성장하기까지, 그동안 마주쳤던 타인들의 공(功)도 있다. 영양 가득한 조각들로 내면을 채우며, 인생의 흐름을 타고 여기까지 왔다. 나 역시, 누군가의 인생 어귀를 스친 작은 조각 하나쯤 되었을까?

엄마는 없다

 사랑하는 가족이 세상을 떠난 일은, 남아있는 이들에게 때로는 형벌처럼 다가온다. 함께 지나온 기억들은 반길 수 없는 추억일 때가 더 많다. 한 번 더 만지고 싶은 그리움과 후회로 머리를 흔들어 흩트리기도 한다. 엄마 생각을 할 때면 더 먹먹해, 가슴은 내려앉는다. 평소에 이야기를 잘 꺼내고 싶지 않은 이유다.

 엄마는 오래전 하늘로 가셨다. 시한부 여섯 달 선고에, 한 달을 더 보태고 떠나셨다. 내게 낼모레면 곧 성인이 될 자식들과 남편이 있어도, 꽤 오랫동안 마음을 건강하게 지탱하기가 힘겨웠다. 돌아가시기 전, 병실에 들어선 나를 보자마자

종이처럼 얇아진 육체를 반이나 일으키시더니,

"집 냉장고에 된장 있어. 꼭 가져가."

돌아가신 후, 된장찌개를 자주 끓일 수 없었다. 한 숟가락씩 퍼낼 때마다, 엄마의 부재는 더 또렷했다. 통 바닥이 차츰 보이기 시작하니, 차마 떠내기 힘들어 냉장고 깊숙이 밀어 넣었다.

서 있는 곳곳에서, 몸을 조금씩만 돌려도 엄마의 모습이 보이고 음성이 울린다. 함께했던 모든 공간을 지날 때마다 즐거웠던 추억은 아픔으로 안긴다. 현실에서 나도 그만 사라지고 싶었다. 공유한 적 없는 곳으로 달아나 보아도 언제나 당신 특유의 모습이, 내 앞을 지나갔다. 불안한 친정 분위기로 늘 긴장하던 그녀의 삶. 아버지 몰래 전화로 하소연하던 목소리, 허둥거리며 끊는 전화…. 결혼 후에도 나를 얼마나 무겁게 했던가. 엄마가 세상에서 사라질까 봐 늘 두려웠다. 잊고 싶은 기억들은 아무 때나 쓸려온다.

친정에 오신 손님들은 커가는 나를 보면, 다들 신기하다는 듯이 이런 말씀을 하셨다.

"어쩜 그렇게 엄마 얼굴을 쏙 빼닮았니!"

감탄의 뉘앙스에서 '이분들은 평소 엄마에 대해 호감을 느

흔들림의 끝에서 배우다

끼고 있구나.'라고 짐작할 수 있었다. 딸인 내게도 선의로 대해 주셨다. 타인을 통해 집 밖의 부모에 대한 인상을 간접적으로 알게 되는 건 꽤 흥미롭다.

어릴 때는, 집안의 맏며느리가 내 엄마라는 사실이 자랑스러웠다. 청소년기가 되어서야, 친가에서 일꾼 취급을 받는 존재라는 걸 알았다. 그래서 지인들의 저러한 호의적인 반응은 언제나 놀라웠다. 친구분들이나 이웃을 통해 뜻밖의 면모를 아는 것은, 엄마에 대한 경외심을 갖는 귀한 계기가 되었다.

엄마의 조용하고 수줍어하는 성격이 참으로 못마땅했다. 다른 사람들에게 약하게 보이는 것 같아서다. 시집와서 기가 눌려 살아오며 '순해졌다.' 가족 중 가장 합리적인 사고를 지니셨던 엄마는, 집안에서 자기 의견을 거의 잃었다. 당연한 권리에도 직접 맞서지 못해, 덜 순한 내가 대신 용기 내어 말하다가 고모들에게 미움을 사곤 했다.

때때로 의지할 만큼의 강한 엄마를 소망했다. 억지스럽거나 거친 언어를 써서라도 말싸움에서 시원히 이기는, 아니 제발 당하지 않는 모습을 한 번이라도 보기를 간절히 바랐다. 어느 날 안쓰러움이 못마땅함으로 잘못 나와버렸다. 기어코 나까지 말로 이겨 먹고 말았다. 엄마는 울먹이며 화를 냈다.

나도 울었다.

다정했던 엄마를 마음에서 꺼내어 볼수록, 해드리지 못한 일들만 줄줄 떠오른다. 젊은 딸이 입은 니트셔츠를 보시더니,

"그때 입은 거 이쁘더라. 같은 거 있으면 사다 줘. 돈은 내가 줄게."라고 조심스럽게 부탁하셨다.

당시에 내 삶이 고단하다는 핑계로 자꾸 미뤘다. 때를 놓친 지금, 몸부림치듯 마음을 부러트려 나 자신을 향해 던지고 무서운 책망으로 꾸짖는다.

엄마는 경량 휴대용 3단 우산을 백화점에서 처음 본 순간, "네가 먼저 떠올랐다."라고 하셨다. 다 팔리기 전에 가야 해서, 장거리를 되돌아가 장대비를 뚫고 다녀오셨다고 한다. 선물을 받으며 그 사연을 처음 들을 때, "누가 언제 그렇게까지 하며 사 달래?"라며 답답하다는 듯이 말해버렸다.

고마움보다 안쓰러움이 더 커 울고 싶었다. 돌아가신 지 한참 지난 요즘, 그 백화점 근처만 가도 여전히 아프다. 아버지의 이른 저녁 식사 때를 맞추느라, 잰걸음으로 시간에 쫓기며 다녀오셨을 그 모습. 현관 수납장을 열 때마다 눈에 선해, 마음은 벌을 서고 만다.

딸자식의 기쁨을 상상하는 일은, 엄마만의 기쁨이었다는

걸 그때는 미처 몰랐다. 이제는 그 기쁨만을 남기고, 후회와 죄책감은 흘려보내기로 한다. 자식은 절대로 헤아리지 못할, 의미 있는 당신의 삶이었다.

그녀의 소중한 몸에서 울음을 터트리며 힘차게 태어났듯, 이제는 통곡으로써 알을 깨고 나가야 한다. 홀로 의연한 어른의 세계를 만들기 위해….

흙으로 돌아간 당신은 이제 이 세상에 '없다'. 그러나 시간은 여전히 내 삶의 '있음' 속에서 흐르고 있다. 나는 그렇게, 나대로 살아간다.

허연우

에필로그

어느 밤의 심연 속에 나를 가만히 두어 보았습니다. 작고 투명하며 동그랗게 반짝이는 것, 호숫가의 잔잔한 물결처럼 흐늘흐늘 번지는 것, 그 안에서 선연하게 떠오르는 진분홍의 심장을, 우리들 살아가며 사랑하는 마음을 샛별처럼 건졌습니다.

김진주

시작은 언제나 두렵다. 그러나 그 두려움을 지나야 비로소 마음속의 꿈이 현실이 된다. 함께 글을 쓰는 공저의 여정은 서로에게 힘이 되어 끝까지 나의 이야기를 완성할 용기를 주었다. 어른 공부도 다르지 않았다. 함께이기에 멈추지 않았고, 그렇게 나는 오늘도 배우고 나누며 성장하고 있다.

안선민

'책마음 커뮤니티' 변은혜 작가님께서 운영하는 단단북클럽을 접하면서 어느 새 책읽기와 글쓰기에 푹 빠져 행복해 하고 있는 나를 발견한다. 책읽기는 나를 성장시키고 글쓰기는 나를 완성시킨다. 계속 에세이를 쓰고 싶은 욕심쟁이가 되어 버린 나. '꿈은 이루어진다.'고 하니 꾸준히 노력해 보아야겠다. 책읽기와 글쓰기는 나를 잃지 않고 어른이 되어가는 진정한 공부가 아닐까?

이혜숙

사진을 담는 일은 피사체와 소통의 시간이자, 마음을 비춰보는 거울이다. 렌즈는 현미경처럼 나를 들여다보게 하고, 들켜버린 마음처럼 사진에 시를 써 내려가며 지나간 시간의 의미를 다시 해석하게 한다. 깊고 성숙한 시선으로 세상을 만나는 시간이다. 카메라는 나를 찾아가는 여정에 든든한 벗이며, 삶을 깨우는 마중물이 되어주었다.

정경자

여섯 편의 글을 쓰며 삶의 여러 결을 되짚어보게 되었습니다. '나답게' 살아가는 것이 얼마나 용기 있는 일인지 느끼며, 흔들림 속에서도 다시 나를 단단히 세워가는 법을 꾸준히 배워야 할 것 같습니다. 늘 힘이 되어주는 가족들, 특히 사랑하는 재이와 태오에게 감사한 마음을 담아.

조유진

우리는 소망이라는 돛을 달고 세월의 물결을 타며 살아간다. 때때로 위기를 맞는 것은 운명이다. 나 역시 하루 사이에 재난으로 삶이 달라지는 경험을 했다. 불운한 상황은 생생한 현실이었다. 굳게 마음먹은 대로 살았기에, 절망에 굴복하지 않았다.

허연우